보이스봇 & 챗봇 디자인

보이스봇 & 챗봇 디자인

아마존 알렉사, 구글홈,
페이스북 메신저에서 배우는
대화형 시스템 구축

레이첼 배티시 지음 고형석 옮김

i!i
에이콘

| 저자 소개 |

레이첼 배티시^{Rachel Batish}

인간–머신 간의 상호 작용을 극대화하기 위해 머신 러닝^{ML, Machine Learning}을 활용하는 대화형 앱을 위한 build–once–deploy–everywhere 플랫폼인 Conversation.one의 공동 창립자 겸 CRO다. 영업 및 마케팅 전략을 담당하고 있으며 제품 로드맵과 성장 중인 음성 커뮤니티에 참여하고 있다.

Conversation.one을 설립하기 전에 모바일 앱을 구축하기 위한 AI 플랫폼인 Zuznow를 설립해 회사의 수익을 0달러에서 100만 달러에 이르게 했다. 정치학 학사 및 국제 관계 석사 학위를 취득했다.

동료이자 파트너인 첸 레브코비치^{Chen Levkovich}가 대화형 디자인으로 가는 멋진 여정에 함께해준 것에 감사의 말을 전한다.

내가 가장 그리워하는, 사랑하는 어머니 주디스에게 이 책을 바친다.

| 기술 감수자 소개 |

자나 버건트 Jana Bergant

풀 스택[1] 웹 개발 경험을 가진 19년차 개발자다. 웹 솔루션을 제공한 경력도 있다. 지난 2년 동안 온라인 강의와 컨설팅에 집중했으며 유데미 Udemy의 학생 수는 1만 2,000명 이상이다.

다음은 학생의 추천 글이다.

> "이 강좌는 Dialogflow의 기능을 이용해 챗봇chatbot을 만드는 것을 안내한다. 실제 상황의 전문 시나리오에 필요한 지식을 Node.js 백엔드와 통합적으로 다룬다. 자나는 지식이 풍부하고 재미있고 에너지가 넘치기 때문에 강좌가 쉽고 지루하지 않다. 챗봇 만들기를 배우고 싶다면 강력하게 추천한다."
>
> – AS

> "구글 문서를 일주일 동안 읽은 것보다 많은 것을 반나절 만에 배웠다. 돈을 들일 만한 가치가 있다."
>
> – 조니

> "훌륭한 강좌에 감사드린다. 일주일 만에 나만의 포트폴리오를 갖게 됐다. 대단한 강사다. 자나의 다른 강좌들을 기대한다."
>
> – ST

챗봇을 개발하는 스타트업과 지역 기업을 대상으로 컨설팅을 하고 있다. 앞으로의 계획은 더 많은 강좌를 개설하고 챗봇 개발의 모든 측면에서 학생들을 지원하는 것이다.

---

1 운영 체제부터 데이터베이스, 웹 서버, 서버사이드 코드, 브라우저, 클라이언트사이드 코드를 다룸. – 옮긴이

사친 바트나가 ^{Sachin Bhatnagar}

14살에 베이직^{BASIC}을 사용하는 ZX 스펙트럼(Sinclair Spectrum) 가정용 컴퓨터를 이용해 컴퓨터 프로그래밍과 그래픽 작업을 시작했다. 2000년대 초, 인도의 저명한 인터넷 서비스 제공업체를 위한 CRM 솔루션 개발, 기업을 위한 웹 기반 솔루션 디자인에서 중요한 역할을 했다.

2001년, 컴퓨터 그래픽과 시각 효과 교육과 생산 및 제작에 뛰어들었다. 2014년에는 다시 코딩 세계로 되돌아가 온라인 교육 프로그램을 시작한 후 지금에 이르렀다. 온라인 챗봇 강좌는 높은 평가를 받고 있으며 클라우드 컴퓨팅 솔루션을 포함한 자문을 하고 있다.

세계적 수준의 커리큘럼을 개발해 교실 안 5,000명, 온라인 1만 2,000명 이상의 학생에게 교육을 제공함으로써 기업과 개인 모두를 위한 혁신을 촉진하고 브랜드 아이덴티티를 창출하고 세계적인 수준의 기술 솔루션을 만드는 데 중요한 역할을 하고 있다.

| 옮긴이 소개 |

고형석(hskho@nate.com)

공학 박사이자 IT 컨설턴트로서 다양한 활동을 하고 있다. 빅데이터, 챗봇에 관련된 과제를 꾸준히 수행 중이다. 그동안의 경험을 바탕으로 『공공 기관 정보화 사업 관리 방법론』(아이티엠지, 2014)과 『프로덕트 리더십』(에이콘, 2018)을 출간 및 번역했다. 인공지능AI, artificial intelligence, 블록체인, 빅데이터 등과 같은 디지털 신기술을 도입해 일상생활을 풍요롭게 하는 방안을 연구 중이다. 정보 관리 기술사, 정보 시스템 감리사를 취득했다.

챗봇과 보이스봇을 도입해 대화형 시스템을 구축하고자 하는 서비스 제공자는 비용 측면의 효율성을 기대하고, 대화형 시스템을 사용하고자 하는 사용자는 시간 제한 없이 사용함으로써 시간을 절약하는 효과를 기대한다.

하지만 대화형 서비스를 위해 챗봇과 보이스봇을 도입하는 것은 단순한 일이 아니다. 또한 자연어의 의도를 이해하기 위한 딥러닝 · 머신 러닝 기술을 적용해 챗봇 · 보이스봇 기반의 대화형 시스템을 직접 구축하기도 어렵다. 설령, 꽤 많은 비용을 투입해 직접 대화형 시스템을 구축하더라도 이 시스템의 품질을 검증하는 데 꽤 많은 노력을 기울여야 한다.

챗봇과 보이스봇을 도입해 대화형 시스템을 구축하는 가장 쉬운 방법은 이미 검증된 기술(NLP: NLU, 지능형 AI 기술)을 서비스에 적용하는 것이다. 이것이 바로 챗봇과 보이스봇을 쉽게 구현할 수 있는 서비스 플랫폼이 등장하게 된 배경이다. 현재 꽤 많은 서비스 플랫폼들이 등장해 누구나 챗봇과 보이스봇을 만들 수 있는 시대가 도래했다.

플랫폼을 선택할 때는 누구를 대상으로 서비스해야 하는지에 따라 결정해야 한다. 왜냐하면 서비스 플랫폼별로 사용자 채널(사용자 접점이 되는 디바이스/애플리케이션)에서 강점을 갖고 있는 채널이 있기 때문이다. 서비스를 어떤 환경(안드로이드, iOS, 유통 채널, 메신저)에서 제공할 것인지 여부에 따라 플랫폼을 선택하는 것이 좋다.

이 책에는 구글, 아마존, 페이스북, 애플에서 제공하는 플랫폼, 대화형 디자인에서 중요하게 다뤄야 하는 고려 사항 그리고 세계적 선도 기업의 구축 사례를 소개하고 있다. 이 외에도 개발 언어에 대한 깊은 이해 없이도 대화형 시스템을 디자인하거나 구축하는 방법을 설명하고 있다.

이 책을 통해 AI에 대한 기본적인 개념, 자연어 처리NLP, Natural Language Processing에 대한 지식, 대화형 AI의 상호 작용을 이해함으로써 대화형 시스템을 구축할 때 고려해야 하는 인간-머신 간 대화형 디자인에 대한 지식과 상호 작용에 대한 아이디어를 얻길 바란다.

| 차례 |

저자 소개 4

기술 감수자 소개 5

옮긴이 소개 7

옮긴이의 말 8

차례 10

들어가며 16

1장   CUI가 미래다   23

CUI란 무엇인가? 24

CUI의 발전 25

    텍스트 기반 인터페이스 26

    GUI 27

    CUI 30

    음성 기반 CUI 31

CUI 스택 32

    음성 인식 기술 33

    NLU 33

    사전/샘플 35

    컨텍스트 36

        상태 머신 36

        이벤트 기반 상황 인식 접근법 38

비즈니스 로직/동적 데이터 39

    CUI의 과제와 부족한 점 41

    어려운 AI 문제인 NLU 41

    정확도 수준 42

GUI에서 CUI · VUI로 43

    챗봇 43

보이스봇 44

암시적이지 않은 대화 45

보안 및 프라이버시 46

요약 47

참고 문헌 48

2장   채팅 및 보이스봇 구축을 다음으로 미루지 않기   49

CUI를 왜 만드는가? 50

    채팅과 챗봇 50

보이스봇, IVA 및 음성 지원 상호 작용 51

봇으로 하지 말 것 52

적절한 만큼 유스케이스 정의 53

먼저 시작하자 58

요약 59

참고 문헌 60

3장   대화형 킬러 앱 구축   61

초기 성공으로 가는 지름길 찾기 62

검색 엔진처럼 생각하자 65

봇에 '개성'을 부여하라. 그러나 인간으로 가장하지는 말라 70

    챗봇 예제 71

    보이스봇 예제 73

옴니 채널 솔루션 구축 – 도구 찾기 74

최신 트렌드 파악 75

요약 76

참고 문헌 및 추가 정보 77

4장   아마존 알렉사 및 구글홈 디자인   79

아마존 에코? 알렉사? 구글홈? 액션? 80

    아마존 에코 80

    에코닷 81

    에코 쇼 81

알렉사 82

구글홈 82

    구글홈 미니 84

    구글홈 맥스 84

애플 홈팟에 대한 몇 마디 85

기술과 행동 개발 86

    음성 인식 87

    발언 87

    NLU 88

    의도 88

    이행 89

    응답 89

    슬롯/엔터티 89

아마존 알렉사에서 스킬 개발 90

구글홈 액션 개발 101

요약 112

참고 문헌 112

5장   FB 메신저 챗봇 디자인   115

FB 메신저 스택 116

Wit.ai로 FB 메신저봇 구축 116

    튜토리얼 117

FB 메신저봇의 과제와 성과 124

FB 메신저봇 개발용 기타 도구 126

요약 126

참고 문헌 127

6장   상황 인지 디자인 – 봇을 더 인간답게 만들 수 있는가?   **129**

상황에 맞는 대화 또는 상황에 맞는 디자인? 129

상황에 맞는 대화 구성: 인간과 봇 131

봇이 웹 검색 또는 인간의 상호 작용보다 좋은 점은? 137

   대화형 구조 138

봇(지능형 어시스턴트) 142

   로보 어드바이저 사례와 봇 산업에 미치는 영향 143

   텍스트 및 토닝 144

감정 지능 대 AI 기반 감정 지능 144

   긍정적 반응 145

   거짓된 긍정 반응 146

   부정적 반응 147

   트롤링 148

요약 149

참고 문헌 150

7장   개성 구축 – 봇을 인간답게 만들기   **151**

컴퓨터의 의인화 152

페르소나 구축 153

   누가 만드는가? 154

   봇은 어떤 역할을 하는가? 154

   누가 봇의 고객인가? 155

봇의 개성 구축 157

   성별 157

보고 느낄 것 159

   음성과 스타일 160

   가벼운 대화 = 큰 성공 160

다양한 페르소나 구축하기 163

   봇의 페르소나를 쌓는 방법 164

요약 166

참고 문헌 168

8장   분야별 봇 이해하기 – 금융 기관   **169**

뱅킹봇이 여행봇이 될 수 있는가? 170

금융 기관 – 유스케이스, 구현 및 예제 172

    왜? 172

    어디서? 172

    무엇? 173

금융 기관 챗봇 173

    뱅크 오브 아메리카 173

    웰스파고 175

UI 및 UX 모범 사례 177

    웰스파고 177

    캐피털원 178

금융 기관의 음성 지원 대화형 봇 180

    캐피털원 181

    가이코 183

요약 186

참고 문헌 188

9장   여행 및 전자 상거래봇 – 유스케이스 및 구현   **189**

여행 및 전자 상거래 과제 190

    이미 성공한 것과 경쟁할 수 있는가? 190

    챗봇과 보이스봇은 데이터를 어떻게 표현하는가? 192

    새로운 데이터 발견 모델의 정의 193

유스케이스 및 권장 사항 196

    여행 196

    카약 197

    알렉사 기반의 카약 201

      호텔 검색 201

      항공편 검색 202

전자 상거래 202

    이베이 203

요약 208

참고 문헌 209

10장 대화형 디자인 프로젝트 – 단계별 가이드   211

이해관계자 정의 212

목표 정의 214

봇은 어디에 위치시켜야 하는가? 215

위치 및 방법 – 장치 선택 216

대화형 애플리케이션의 페르소나 217

기능 및 유스케이스 219

개발 및 테스트 222

배포, 유지 관리 및 분석 223

요약 225

11장 요약   227

대화형 인터페이스 – 어떻게 시작돼, 현재 어디에 있는가? 228

대화형 솔루션이 필요한 이유와 미래 230

훌륭한 대화형 애플리케이션 구축 방법 231

개발: 기술 및 비기술적 전문 지식 232

수직형 봇? 메가 보트? 233

요약 233

찾아보기 235

2년 전, 회사의 서비스가 모바일에서 음성으로 전환하면서 대화형 디자인의 세계가 나에게 다가왔다. 우리 회사는 운 좋게도 음성이 상호 작용 매체를 장악한다는 것과 기업들이 대화형 혁명에 빠르게 대응해야 한다는 것을 인식한 최초의 기업 중 하나가 됐다.

실제로 채팅이나 음성을 이용한 대화형 상호 작용은 삶의 방식과 사업하는 방식을 변화시키고 사용자의 요구에 초점을 맞춘 효과적이고 비용 효율적인 솔루션을 제공한다고 할 수 있다.

그러나 대화형 디자인은 아직 우리 삶에 '등장하지' 않았다. 대화형 디자인은 오랫동안 인간-머신 간의 상호 작용이 개발되면서 점점 더 인간화되고 자연스러워졌다.

이 책에서는 채팅 및 음성 인터페이스를 구별해 대화형 디자인의 주요 구성 요소를 설명할 것이다. 대화형 솔루션을 구축하는 이면에 있는 기술적 측면을 언급하지만 사용자의 요구 사항을 자연스럽고 포괄적으로 지원하는 성공적인 대화형 상호 작용을 디자인하는 과제에 초점을 뒀다.

대화형 디자인의 세계는 매우 역동적이며 끊임없이 발전한다. 이 책을 쓰면서 최신 정보를 반영하기 위해 몇 개의 장을 다시 써야만 했다. 대화형 디자인 기술이 흥미롭고 독창적인 이유는 바로 이때문이다. 우리는 혁신의 중심에 있고 그중에서도 핵심적인 역할을 맡고 있다. 대화형 디자이너, 개발자, 장치 제작자 및 공급업체 모두 향후 10년 내에 도래할 대화형 디자인 방식을 만들고 있다. 시장의 개척자인 우리에게는 혁신하거나 달성해야 할 과제가 산적해 있다.

이 책을 쓴 이유는 독자에게 첫 번째 대화형 프로그램을 작성하는 데 필요한 안내서를 제공하고 싶었기 때문이다. 몇 가지 역사적 배경과 함께 채팅 또는 보이스봇^{voicebot}을 만들 때 해야 할 일과 하지 말아야 할 일에 대한 모범 사례를 제공하고 세계적 선도 기업이 디자인한 구체적인 예를 포함했다.

이 책을 통해 대화형 디자인 세계에 대한 유용한 입문과 인간-머신의 상호 작용에 대해 새롭고 개선된 경험을 만드는 영감을 얻길 바란다.

▌ 대상 독자

UI 구축에 대해 이해하고 있고 코딩만 가능하면 이 책을 읽을 수 있다. 또한 마크업 언어와 자바 스크립트, AI에 대한 기본적인 내용만 이해하고 있으면 충분하다. NLP에 관한 지식은 도움이 되지만 필수는 아니다. 이 책은 대화형 AI의 상호 작용과 표현 방법을 설명하고 있으므로 개발자, 제품 관리자, C-레벨[1] 임원 모두에게 유용할 것이다. 이 책은 현대의 NLP와 AI 제품을 이해하는 데 도움을 준다.

▌ 이 책의 구성

1장, 'CUI가 미래다'에서는 대화형 사용자 인터페이스^{CUI, Conversational User Interface}가 무엇이고 어떻게 발전해왔으며 해결해야 하는 과제는 무엇이고 미래에는 어떻게 발전할 것인지를 다룬다. UI가 수년 동안 어떻게 발전해왔는지와 음성 제어, 챗봇, 가상 어시스턴트 및 대화형 솔루션의 차이점도 설명한다.

---

1 CEO, CFO, CIO, COO 등 기업의 경영진을 통칭 - 옮긴이

2장, '채팅 및 보이스봇 구축을 다음으로 미루지 않기'에서는 잘못된 예제와 유스케이스를 검토해 대화형 애플리케이션 구축에 필요한 요구 사항을 분석한다. 하지 말아야 할 것을 아는 것이 무엇을 해야 하는지 아는 것보다 가치가 있다.

3장, '대화형 킬러 앱 구축'에서는 대화형 애플리케이션을 성공적으로 만들기 위한 다섯 가지 팁을 제공한다. 각 팁은 채팅 및 음성 예제로 설명된다.

4장, '아마존 알렉사 및 구글홈 디자인'에서는 두 가지 선도 음성 솔루션인 아마존 알렉사 Amazone Alexa 및 구글홈 Google Home 을 살펴보면서 대화형 솔루션 디자인을 상세히 알아본다. 4장에서는 기술 및 음성 UX 권장 사항을 검토하고 예제를 제공한다.

5장, 'FB 메신저 챗봇 디자인'에서는 페이스북 FB, Facebook 메신저 플랫폼의 구조 및 장단점을 설명한다. 5장에서는 내부 도구를 사용해 FB 메신저봇을 작성하는 방법(튜토리얼)과 개발자들이 사용하는 일반적인 도구에 대해 설명한다.

6장, '상황 인지 디자인 – 봇을 더 인간답게 만들 수 있는가?'에서는 기업과 개발자가 직면하고 있는 가장 큰 장애물인 상황을 인지할 수 있는 대화를 만들고 구축하는 문제를 제시한다. 또한 상황을 인지하는 디자인을 배우고 실행하는 방법에 대한 몇 가지 권장 사항을 제공한다.

7장, '개성 구축 – 봇을 인간답게 만들기'에서는 봇이 가져야 하는 개성의 중요성을 설명하고 고객과 봇이 상호 작용할 때 개성에 반영해야 할 사항과 개성을 선택하는 방법에 대한 지침을 제공한다.

8장, '분야별 봇 이해하기 – 금융 기관'에서는 금융 분야의 봇과 독특한 구성 요소를 살펴본다.

9장, '여행 및 전자 상거래봇 – 유스케이스 및 구현'에서는 여행 및 전자 상거래봇이 당면하고 있는 과제를 다루고 주요 선도 기업의 실제 유스케이스와 구현 사례를 학습한다.

10장, '대화형 디자인 프로젝트 – 단계별 가이드'에서는 독자가 이 책에서 다루는 모든 개념을 사용해 첫 번째 대화형 애플리케이션에서 구현하는 방법을 안내한다.

11장, '요약'에서는 이 책에서 다룬 내용을 요약하고 대화형 디자인의 미래에 대한 통찰력을 제공한다.

▍준비 사항

가능한 한 많은 대화형 애플리케이션을 활용해 경험을 쌓아라. 다양한 웹 사이트 및 FB 메신저에서 챗봇을 사용하고 시도해보라. 알렉사 장치 또는 구글홈에 액세스해 트렌드 기술을 사용해보고 미흡한 부분과 성공적인 부분을 분석해보자. 해당 장치가 없으면 휴대폰에서 구글 어시스턴트를 사용해보자(아이폰에서도 다운로드할 수 있음).

▍컬러 이미지 다운로드

이 책에 사용된 그림/도면의 컬러 이미지를 PDF 파일로 제공한다. 컬러 이미지는 출력 변화를 좀 더 쉽게 이해하는 데 도움을 줄 것이다. 파일은 다음 주소에 접속해 다운로드할 수 있다.

https://www.packtpub.com/sites/default/files/downloads/9781789139624_ColorImages.pdf

또한 에이콘출판사의 도서 정보 페이지인 http://www.acornpub.co.kr/book/voicebot-chatbot-design에서도 컬러 이미지를 다운로드할 수 있다.

▍편집 규약

이 책 전체에 사용된 텍스트 규칙은 다음과 같다.

새로운 용어나 중요한 키워드는 고딕체로 표시한다. 애플리케이션의 메뉴나 대화상자에 나타나는 텍스트는 다음과 같이 표시한다.

"관리 패널에서 **시스템 정보**를 선택하라."

 주의해야 하거나 중요한 내용은 이와 같이 표기한다.

 참조 사항이나 요령은 이와 같이 표기한다.

▌ 독자 의견

독자들의 피드백은 언제나 환영이다. 이 책의 좋았던 점과 나빴던 점에 관한 솔직한 생각을 알려주기 바란다. 독자들의 피드백은 우리가 독자들이 가장 얻고자 하는 책을 개발하는 데 있어 매우 소중하다.

일반적인 의견은 이 책을 메일 제목으로 해서 feedback@packtpub.com으로 보내면 된다. 특정 분야의 책을 쓰거나 기여하는 데 관심이 있다면 www.packtpub.com/authors에 있는 저자 가이드를 참조하기 바란다.

오탈자

책 내용의 정확성에 만전을 기하지만 실수는 늘 생기는 법이다. 책을 읽다가 문장이나 소스 코드에서 실수가 발견되면 즉시 알려주기 바란다. 이런 협조를 통해 다른 독자들이 겪을 혼란을 줄일 수 있고 이 책의 다음 버전을 개선하는 데 큰 도움이 될 것이다.

오탈자를 발견하면 http://www.packtpub.com/submit-errata에 접속해 책을 선택하고 Errata Submission Form 링크를 클릭해 오탈자에 관한 상세 사항을 입력하면 된다. 오류 내용이 확인되면 팩트출판사 웹 사이트에 올려지거나 책의 정오표 섹션에 있는 정오표 목록에 추가된다. 이전에 제출된 정오표를 확인하려면 http://www.acornpub.co.kr/book/voicebot-chatbot-design 페이지의 검색 필드에 책명을 입력하면 된다.

한국어판은 에이콘출판사의 도서 정보 페이지 http://www.acornpub.co.kr/book/voicebot-chatbot-design에서 찾아볼 수 있다.

저작권 침해

인터넷상의 저작권 침해는 모든 매체에 걸쳐 계속 진행되고 있는 문제다. 팩트출판사는 저작권과 라이선스 보호를 매우 심각하게 인식하고 있다. 인터넷에서 팩트출판사 발간물의 불법 복제를 발견하면 이에 관한 조치를 취할 수 있도록 해당 웹 사이트의 주소와 이름을 즉시 알려주기 바란다. 의심되는 불법 복제본의 링크와 함께 copyright@packtpub.com으로 연락하면 된다.

▌ 문의 사항

이 책에 관한 질문은 questions@packtpub.com으로 문의하기 바라며, 팩트출판사는 문제 해결을 위해 최선을 다할 것이다. 한국어판에 관한 질문은 이 책의 옮긴이나 에이콘출판사 편집 팀(editor@acornpub.co.kr)으로 문의해주기 바란다.

에이콘출판의 기틀을 마련하신 故 정완재 선생님 (1935-2004)

01

CUI가 미래다

CUI는 상호 작용하는 방식을 변화시키고 있다. 아마존 알렉사, 구글홈과 같은 지능형 어시스턴트, 챗봇, 음성 지원 장치는 새롭고 자연스럽고 직관적인 인간-머신 간 상호 작용을 제공하며 인간을 완전히 새로운 세계로 이끌어준다. 챗봇과 보이스봇은 일상적인 업무를 쉽고 빠르게 개선해준다. 챗봇과 보이스봇을 기업이 인력을 고용하는 것과 비교하면 비용 측면에서 매우 효과적이다.

1장에서는 CUI의 개념을 다룬다. CUI가 어떻게 진화했는지, 무엇을 제공하는지, 해결 과제는 무엇인지, 앞으로 어떻게 발전할 것인지 등을 다룬다. 또한 대화형 세계에 대해 설명한다. 지난 수년 동안 UI가 어떻게 발전해왔으며 음성 제어, 챗봇, 가상 어시스턴트 및 대화형 솔루션의 차이점은 무엇인지 설명한다.

▎ CUI란 무엇인가?

CUI는 '자연스러운 인간의 대화'를 모방하는 컴퓨터와 상호 작용하는 새로운 방식이다. 대화의 뜻을 이해하기 위해 옥스포드 사전에서 대화의 정의를 알아보자.

con · ver · sa · tion

/ känvər'sāSH(ə)n/명사

2명 이상의 사람들 사이에서 뉴스와 아이디어가 교환되는 얘기(특히, 비공식적인 얘기)

위키피디아(https://en.wikipedia.org/wiki/Conversation)에는 몇 가지 흥미로운 사항이 있다. 대화를 다음과 같이 좀 더 광범위하게 정의하고 있다.

"2명 이상의 대화형 의사소통 …(중략)… 대화 기술과 에티켓의 개발은 사회화의 중요한 부분이다."

새로운 언어로 하는 대화 실력을 늘리는 것은 언어 교육과 학습에서 자주 세우는 목표다. 두 가지 정의를 요약하면 대화를 다음과 같이 정리할 수 있다.

1. 의사소통(말하기)의 유형
2. 2명 이상 사이에서
3. 아이디어와 생각이 교환되는 대화형
4. 사회화 과정의 일부
5. 학습과 교육에 집중

이제 CUI의 정의 및 대화의 고전적인 정의의 차이를 쉽게 구별할 수 있다.

앞의 대화 정의와 반대되는 CUI:

1. 꼭 말이 아니어도 된다. 쓰기일 수 있다(예: 챗봇).
2. 단지 사람들 사이가 아니라 두 가지 측면에서 제한된다. CUI에서는 적어도 1개의 컴퓨터가 있어야 하고 대화는 2명의 참가자로 제한된다. CUI에는 둘 이상의 참가자가 거의 없다.
3. 상호 작용이 적어 두 참가자 간에 아이디어가 교환되는지 여부를 말하기 어렵다.
4. 사람이 아닌 컴퓨터를 다루고 있어서 사회화되지 않은 것으로 생각되지만 이미 주요한 구성 요소 2개가 있다.
5. 두 엔터티 간의 자연스러운 대화를 가능하게 하는 의사소통 수단이다.
6. 컴퓨터의 이해 능력을 높이기 위해 **자연어 이해**NLU, Natural Language Understanding, AI, ML, **딥러닝**DL, Deep Learning을 활용해 계속 배우고 가르치고 있다.

위에서 확인한 차이는 향후 CUI의 발전을 표현한다는 것이다. 인간-인간의 상호 작용을 현재와 미래의 기술로 대체하는 것이 먼 미래의 일인 것 같지만 생각보다 빨리 이뤄질 것이다. 미래를 예측하기 전에 지난 50년 동안 인간과 컴퓨터 간의 상호 작용이 어떻게 발전해왔는지 살펴보자.

▌ CUI의 발전

CUI는 오랫동안 진행된 인간-머신 간 상호 작용의 결과다. 이 의사소통의 인터페이스는 주로 기술 향상 덕분에 수년간 엄청나게 발전했지만 인간의 상상력과 비전을 통해서도 발전해왔다.

공상 과학 소설과 영화에서 수십 년간 머신과의 인간화된 다양한 상호 작용을 예언했지만 (예: 〈스타워즈〉, 〈2001 스페이스 오디세이〉, 〈스타트렉〉) 컴퓨팅 자원이 비싸고 부족했기 때문에 UI에 투자하는 것은 우선순위가 높지 않았다. 오늘날 스마트폰이 과거의 슈퍼컴퓨터보다 많은 컴퓨팅 능력을 갖게 되면서 인간-머신 간 상호 작용은 훨씬 자연스럽고 직관적이 됐다. 1장에서는 텍스트, 그래픽, CUI에 이르기까지 컴퓨터 UI의 진화를 다룬다.

텍스트 기반 인터페이스

텍스트 기반 인터페이스는 오랫동안 컴퓨터와 상호 작용할 수 있는 유일한 방법이었고, 엄격한 유형의 명령어를 사용해오다가 자유로운 자연어 텍스트로 발전했다.

그림 1: 명령어에 따른 간단한 텍스트 상호 작용

텍스트 기반 상호 작용의 가장 일반적인 사용 방법으로는 검색 엔진을 들 수 있다. 구글, 빙과 같은 검색 엔진에서 'NYC에 있는 호텔 검색 찾기'와 같은 문장을 입력하면 NYC에 있는 관련 호텔 리스트를 제공한다.

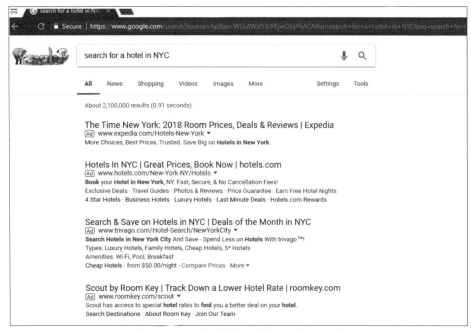

그림 2: 현대의 텍스트 기반UI: 구글의 검색 엔진

GUI

인간—머신 간 인터페이스의 진화 과정에는 그래픽 사용자 인터페이스GUI, Graphic User Interface 가 있다. GUI는 '실생활'에서 사용하는 기계적인 작업 방법을 모방하고 텍스트 기반 상호 작용을 대체한다.

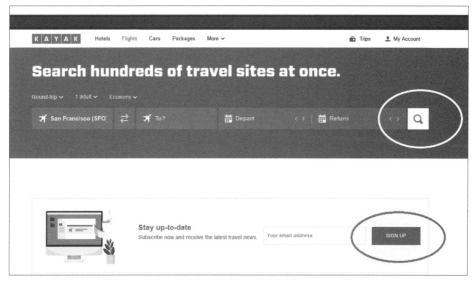

그림 3: 실생활 활동을 모방한 GUI

예를 들어 위 인터페이스에서 동작 또는 특정 기능을 활성화/비활성화하려면 마우스(텍스트 기반 명령어 입력 대신)로 화면의 버튼을 클릭해야 한다. 이러한 방식은 실제 장치를 동작할 때 사용하는 기계적인 동작 방법을 모방한 것이다.

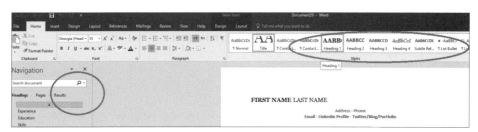

그림 4: MS 워드는 PC와 상호 작용하는 방식을 바꾸고 있음.

1990년대에는 PC 운영 체제인 마이크로소프트 윈도우의 도입 덕분에 GUI가 가장 인기 있는 인터페이스였다. GUI는 터치스크린 장치의 도입으로 진행됐다. 터치스크린 장치가 도입돼 마우스가 필요 없게 되면서 컴퓨터와 보다 직접적이고 자연스럽게 상호 작용하는 GUI가 등장했다.

그림 5: 터치 스크린이 마우스를 제거함.

그림 6: 터치 스크린은 스크롤과 클릭이 가능하고 수작업을 모방함.

CUI

최신의 컴퓨터-인간 간의 상호 작용은 CUI다. 앞에서 정의한 대로 대화형 상호 작용은
실제 생각의 교환은 아니지만 일련의 질문과 답변을 포함하는 인간-머신 간의 새로운 의
사소통 유형이다.

그림 7: CNN의 FB 메신저 챗봇

대화형 인터페이스에서 사용자가 질문하고 컴퓨터가 답변하는 쌍방향 의사소통을 경험한
다. 앞에서 얘기한 텍스트 기반 인터페이스와 여러 가지로 비슷하지만(검색 엔진의 예 참조)
이 경우 엔드 유저는 인터넷에서 정보를 검색하지 않고 답변을 제공하는 누군가와 일대일
방식으로 상호 작용한다. 답을 제공하는 사람은 봇이라 불리는 인간화된 컴퓨터 엔터티다.

CUI는 친구/서비스 공급자와 상호 작용하는 텍스트/음성 기반을 모방한다. 옥스포드 사전의 정의대로 진정한 대화는 아니지만 인간-인간 간 상호 작용에 가장 가까운 자유롭고 자연스러운 경험을 제공한다.

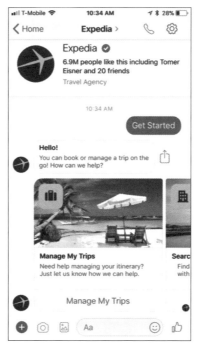

그림 8: 익스피디아(Expedia)의 FB 메신저 챗봇

음성 기반 CUI

CUI 분야의 하위 카테고리는 **음성 기반 CUI**다. 텍스트에서 GUI로, GUI에서 대화형으로의 전환은 진화로 정의하지만 **대화형 음성 상호 작용**은 완전히 패러다임 시프트하는 것이다. 가장 기본적인 의사소통과 표현 수단인 목소리만을 사용하는 상호 작용은 인간-머신의 관계를 완전히 새로운 수준으로 끌어올린다.

컴퓨터는 사용자의 소리를 인식하고 요청을 이해하고 심지어 제안 및 권장 사항을 제공한다. 인간의 자연스러운 상호 작용 방법인 음성을 사용하면 젊은이와 어른들이 제한 없는 환경에서 컴퓨터와 쉽게 소통할 수 있다.

그림 9: 인간-머신 간 대화형 상호 작용을 촉진하는 음성 지원 장치인 아마존 알렉사(왼쪽)와 구글홈(오른쪽)

▌ CUI 스택

현대적인 대화형 애플리케이션을 개발하는 데 필요한 빌딩 블록은 다음과 같다.

- 음성 인식(보이스봇용)
- NLU
- 대화 수준:
    - 사전/샘플
    - 컨텍스트(상황 인식)
    - 비즈니스 로직

이 절에서는 대화형 스택에 따라 대화형 상호 작용의 '여정'을 떠난다.

그림 10: 대화형 스택: 음성 인식, NLU 및 상황 인식

음성 인식 기술

speech-to-text로도 알려진 **음성 인식**은 음성을 텍스트로 변환한다. 컴퓨터는 마이크로 목소리를 포착해 단어들을 텍스트 사본으로 제공한다. 간단한 텍스트 처리 수준에서 간단한 명령으로 "좌회전" 또는 "존에게 전화"와 같은 간단한 명령으로 음성 제어 기능을 개발할 수 있다. 현재 음성 인식의 선두주자로는 뉘앙스, 아마존, IBM 왓슨, 구글, 마이크로소프트 및 애플을 들 수 있다.

NLU

간단한 명령어 이상을 처리하는 높은 수준의 이해력을 발휘하려면 NLU 계층을 포함해야 한다. NLU는 독해 작업을 담당한다. 컴퓨터는 텍스트(보이스봇이 음성 인식으로 제공한 텍스트 사본)를 읽고 텍스트에서 사용자의 의도를 파악하고 구체적인 단계로 변환한다.

여행봇을 살펴보자. 이 예에서 시스템은 두 가지의 개별적인 의도를 확인한다.

1. 항공편 예약 – BookFlight
2. 호텔 예약 – BookHotel

사용자가 비행기 예약을 요청하면 NLU 계층은 봇이 사용자의 의도가 BookFlight라는 것을 이해하는 데 도움을 준다. NLU 계층이 사람들이 말하는 내용을 이해하려면 그 숨은 의도를 파악할 수 있어야 한다.

또 다른 예로는 "NYC로 날아가야 해"라고 말한 경우를 들 수 있다. NLU 계층은 이 말을 듣고 사용자가 항공편을 예약하길 원한다는 것을 알아채야 한다. NLU에 대한 좀 더 복잡한 요청은 사용자가 "다시 여행할 거야"라고 말하는 경우다.

여기서 NLU는 사용자의 문장을 BookFlight에 연결해야 한다. 이는 훨씬 복잡한 작업이다. 왜냐하면 봇은 도시와 주 리스트 또는 문장에서 비행이라는 단어를 식별할 수 없기 때문이다. 따라서 이 문장은 봇이 이해하기가 어렵다.

컴퓨터 과학은 NLU를 '어려운 AI 문제(AI-hard)[1](튜링 테스트: 인간-머신 간 대화가 가능한 정도, 머신의 지능을 판별하는 테스트)'로 보고 있는데 이는 AI(DL을 기반으로 함) 개발자가 고품질의 솔루션을 제공하는 데는 여전히 어려움이 많다는 의미다. 여기서 어려운 AI 문제라 부르는 것은 단순히 특정 알고리즘으로 해결할 수 없다는 것을 의미한다. 실제로 이 문제를 처리하는 동안 예상하지 못한 상황을 맞이한다. NLU에서의 예상하지 못한 상황의 예로는 많은 언어와 방언으로 이뤄진 다양한 언어와 문장의 구성을 들 수 있다. NLU의 선도적인 공급자는 다이얼로그플로Dialogflow(예전 api.ai, 구글 인수), Wit.aI(페이스북 인수), 아마존, IBM 왓슨, 마이크로소프트다.

---

1 Turing Test as a Defining Feature of AI-Completeness in Artificial Intelligence, Evolutionary Computation and Metaheuristics(AIECM), Roman V. Yampolskiy

사전/샘플

인간을 이해하는 NLU 계층을 구축하려면 주제 영역 또는 도메인의 개념과 카테고리에 광범위하고 포괄적인 샘플 세트를 제공해야 한다. 간단히 말해 사용자가 봇에서 활성화할 수 있는 각 의도(요청)에 연결되는 문장의 모음(관련된 샘플 리스트)을 제공해야 한다. 여행 사례에서는 다음과 같이 포괄적인 사전을 만들어야 한다.

사용자 요청(샘플)	관련된 의도
여행을 예약하고 싶다.	BookFlight
비행기를 예약하고 싶다.	
비행기가 필요하다.	
호텔 방을 예약해주세요.	BookRoom
숙소가 필요하다.	

이러한 사전과 샘플 세트를 만드는 것은 힘든 작업이 될 수 있다. 이때에는 도메인과 언어에 특화된 각각의 구성과 한 가지 유스케이스에서 다른 유스케이스로, 한 가지 언어에서 다른 언어로의 수정이 필요하다. CUI의 특징은 웹 화면에서 사용자가 선택할 수 있는 GUI와 달리, 사용자에게 무제한의 경험을 제공한다는 것이다. 하지만 완벽한 수준으로 미리 구성하기는 매우 어렵다(앞의 어려운 AI 문제 참조). 따라서 제공하는 샘플이 많을수록 봇의 NLU 계층이 사용자의 다양한 요청을 잘 이해한다. 이 경우에는 캐치−22[2]에 주의하라. 의도가 많을수록 더 많은 샘플이 필요하고 이런 모든 샘플은 쉽게 중복되는 경향이 있다. 예를 들어 사용자가 "도움이 필요해"라고 말하는 것은 지원 팀에게 연락해주길 원한다는 의미일 수 있고 앱을 사용할 줄 몰라 도움을 요청하는 것일 수도 있다.

---

2 진퇴양난의 상황을 의미

컨텍스트

상황에 맞는 대화는 대화형 상호 작용에서 가장 힘든 과제 중 하나다. 상황을 이해할 수 있게 됐다는 것은 봇의 상호 작용이 인간화됐다는 것을 의미한다. 앞에서 언급했듯이 CUI는 일련의 질문과 대답이다. 여기에 상황적 측면을 추가하는 것은 바로 '진정한' 대화형 경험을 만드는 것과 같다. 상황에 대한 이해가 가능해지면 봇은 다른 단계에서의 대화를 추적하거나 서로 다른 요청들을 연결할 수 있다. 즉 마지막 요청뿐 아니라 대화의 전체 흐름이 고려한다.

챗봇, 보이스봇 등과 같은 대화형 봇의 상호 작용은 두 가지 측면을 다룬다.

엔드 유저가 "항공편 예약을 할 수 있는가?"라고 질문하면 봇은 "예"라고 답변한 다음 봇은 "국제 항공편을 원하는가?"를 추가할 것이다. 그리고 엔드 유저는 봇의 답변을 승인하거나 "아니, 국내선"이라 답변한다.

상황에 맞는 대화는 단순한 Q&A와는 매우 다르다. 앞의 시나리오에서는 사용자가 답변할 수 있는 여러 가지 방법이 있으며 봇은 모든 흐름을 처리할 수 있어야 한다.

상태 머신

서로 다른 흐름을 처리하기 위한 방법 중에는 **상태 머신 방법론**이 있다. 상황을 설명하는 대중적이고 간단한 방법은 사용자의 반응에 따라 대화의 각 상태(단계)를 다음 단계로 연결하는 것이다.

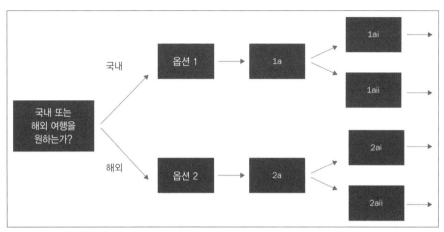

그림 11: 상태 머신을 사용해 상황에 맞게 작성하는 것이 간단한 유스케이스와 흐름에 더 효과적임.

그러나 상태 머신의 장점은 곧 단점이 될 수 있다. 이 방법에서는 사전에 가능한 모든 대화 흐름을 매핑해야 한다. 단순한 유스케이스를 구축하는 것은 쉽지만 시간이 지나면서 이해하고 유지하는 것은 매우 어렵고, 복잡한 흐름에는 사용할 수 없다(항공편 예약은 상태 머신으로 지원하기 힘든 복잡한 흐름임). 상태 머신의 또 다른 문제는 동일한 답변으로 다양한 유스케이스를 지원하기 위해서는 많은 작업 결과를 복제해야 한다는 것이다.

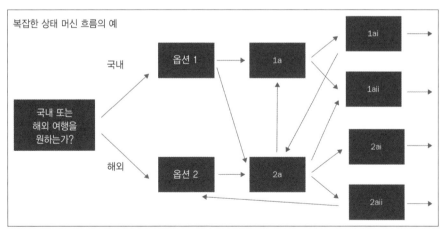

그림 12: 복잡한 흐름을 작성할 때 상태 머신 방법론의 단점

이벤트 기반 상황 인식 접근법

이벤트 기반 상황 인식 접근법은 현재의 CUI에 더 적합한 방법이다. 이 접근법은 사용자가 자신을 무제한으로 표현할 수 있게 해주며 특정한 흐름을 강요하지 않는다. 이벤트 기반 상황 인식 접근법은 전체 대화 흐름을 사전에 매핑하는 것이 불가능하다는 점을 인식해 다른 옵션을 최소화하고 구조화되지 않은 방식으로 사용자 요구의 상황에 맞는 정보를 수집하는 데에 중점을 둔다.

이 접근법은 사용자는 대화를 주도하고 머신은 데이터를 분석해 다음의 흐름을 완성한다. GUI 상태 머신 흐름의 제한에서 벗어나 인간 수준의 상호 작용을 제공할 수도 있다.

이 예에서 머신은 항공 예약을 완료하기 위해 다음과 같은 변수가 필요하다는 것을 알고 있다.

- 출발자
- 목적지
- 출발일
- 항공사

이 경우, 사용자는 "NYC로 가는 항공편을 예약하고 싶다", "내일 SF에서 NYC로 가고 싶다", "델타항공으로 NYC로 가고 싶다"라고 말할 수 있다.

이 경우 상태 머신은 누락된 정보를 수집하기 위해 사용자에게 되묻는다.

사용자 요청	정보 로봇 수집	정보 봇 요청	사용자 답변
NYC로 가는 항공편을 예약하고 싶다.	목적지: NYC	출발지 출발일 항공사	SF 내일 델타항공
내일 SF에서 NYC로 가고 싶다.	출발: SF 목적지: NYC 날짜: 내일	항공사	델타항공
델타항공으로 NYC로 가고 싶다	목적지: NYC 항공사: 델타항공	출발지 출발일	NYC 내일

이벤트 기반의 상황 인식 접근법으로 대화형 흐름을 구축해 인간 상담원과의 상호 작용을 모방하는 데 성공했다. 여행 상담원에게 항공편을 예약할 때 알고 있는 세부 사항을 제공하면서 대화를 시작한다. 상담원은 예약 과정에서 사용자에게 누락된 세부 사항만을 요구할 뿐, 특정 시간에 해당하는 세부 사항을 요구하지 않는다.

▌ 비즈니스 로직/동적 데이터

이 단계에서는 CUI를 만드는 것이 쉬운 일이 아니라는 데 동의하게 된다. 사실 많은 봇이 NLU를 사용하지 않고 있고 자유로운 대화 기반 상호 작용을 사용하지 않는다. 챗봇에 대해 큰 기대를 갖고 있었지만 큰 실망감을 안겨줬다. 이것이 바로 대부분의 챗봇과 보이스 봇들이 간단한 Q&A 흐름을 제공하는 이유다.

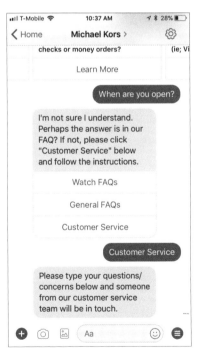

그림 13: 마이클 코어스 FB 메신저봇: CUI는 상황 인식 없이 단순한 Q&A 흐름으로 구성

대부분의 봇은 한정된 기능을 보유하고 있기 때문에 비즈니스 로직은 사용자의 요구와 상관없이 영업 시간 또는 전화번호 등 2~3개의 특정 유스케이스와 연결된다. 봇은 다른 채팅 인터페이스에서 GUI에 의존해 메뉴 선택 기능을 제공하고 자유로운 텍스트 입력을 막고 있다.

그림 14: 마이클 코어스 FB 메신저봇: CUI 도구에 GUI 강제 적용

봇과 사용자 사이에 진정한 대화형 의사소통 방식을 구축하려면 동적 비즈니스 로직에 연결해야 한다. NLU에서 음성 인식을 활성화하고 샘플들을 작성하고 이벤트를 기반으로 상황에 맞는 흐름을 개발하고 봇을 동적 데이터에 연계한다. 실시간 데이터에 접근해 트랜잭션으로 처리하려면 API로 백엔드 시스템(애플리케이션)의 비즈니스 로직에 연결해야 한다.

항공편 예약 봇은 SF에서 NYC로 가는 다음 항공편이 언제인지, 좌석이 남아 있다면 항공료가 얼마인지에 대한 데이터를 실시간으로 가져와야 한다. API를 사용하면 주문과 지불

승인 처리를 완료할 수 있다. 데이터와 기능이 부족한 경우에는 새로운 API를 개발하거나 화면 스크래핑 기술을 사용해 복잡하게 개발하는 일을 지양해야 한다.

CUI의 과제와 부족한 점

대화형 UI는 아직 우리에게 낯설기 때문에 해결해야 할 과제가 남아 있다. 비록 HAL 9000(영화 〈2001 스페이스 오디세이〉, 컴퓨터 프로그램이 우주 비행사와 자유롭게 상호 작용하고 우주선(디스커버리원)의 시스템을 생각과 느낌으로 제어)과는 상당히 다르고 기술이 몇 년 동안 크게 발전해 현재 수준에 이르렀지만 자체적으로도 오동작이 있다는 사실을 명심해야 한다. 이 절에서는 기술 및 봇 디자이너가 조속히 해결해야 하는 다섯 가지 주요 과제에 대해 알아본다.

어려운 AI 문제인 NLU

인간-머신의 상호 작용은 정교하고 자연스럽고 인간화될수록 구축하거나 개발하기가 더 어렵다. 간단한 명령어를 처리하는 텍스트 기반 인터페이스는 대부분의 개발자가 개발할 수 있지만 고품질 UI(챗봇 또는 보이스봇 유형) 개발에는 채팅과 음성 디자이너, NLU 전문가 필요하다.

NLU는 머신으로 독해력을 흉내내는 것이다. NLU는 AI에서 다루는 소주제로, 앞서 설명했듯이 어려운 AI 문제다. 어려운 AI 문제는 컴퓨터를 인간만큼 지능적으로 만드는 (https://en.wikipedia.org/wiki/AI-complete) AI 분야에서 가장 중요한 문제를 푸는 것과 같다. 이렇게 어려운 이유는 무엇일까? 앞에서 설명한 대로 CUI를 사용하면 문장과 의미를 제한 없이 입력할 수 있는데 답변을 입력하는 과정에서 예상하지 못했거나 미처 알지 못하고 있는 기능들이 무한히 많다. 즉 다른 사람과 대화할 때처럼 봇과의 채팅/대화에는 제한이 없다. 특정한 GUI 경로를 지켜야 할 것이 없을 뿐 아니라 무엇이든 자유롭게 물어볼 수 있다.

어려운 AI 문제인 NLU를 해결하는 방법은 컴퓨터의 이해력을 특정 테마, 주제, 유스케이스에 집중하는 것이다. 의사를 만나 NY 증권거래소에 투자할 때 얻을 수 있는 수익에 대해 상의하지 않을 것이다. 의사를 만날 때는 특정한 상황에 처해 있는 경우다. 몸이 나으려면 약을 먹어야 하고 약을 먹으려면 의사가 발행하는 처방전이 필요하다. 실제로 의사와 관련된 시나리오에서는 사전에 정의해야 할 유스케이스가 너무 많기 때문에 하위 유스케이스로 나눠 하위 도메인 상황별로 NLU를 개선하는 것이 중요하다(소아과 의사, 산부인과 의학, 종양학).

여행 예제에서는 항공편 예약과 관련된 모든 상황에 응답할 수 있도록 봇의 NLU 계층을 훈련시킬 수 있다. 이 경우에는 사용자와 여행 상담원 간에 가능한 대화를 모방한다. 인간 여행 상담원은 호텔 찾기, 여행 계획 세우기와 같은 추가 작업을 도와줄 수 있지만 이 유스케이스에서는 경험과 응답을 극대화하기 위해 항공편을 예약하는 상황에 초점을 맞춘다.

정확도 수준

NLU 문제의 주요 파생 요소는 대화의 정확도 수준이다. 봇을 특정 유스케이스로 제한할 때도 사용자의 모든 요청 사항을 언어에 맞게 각각 만들고 처리해야 한다는 전제가 우수한 **사용자 경험(UX)** 생성을 어렵게 한다. 실제로 머신과의 상호 작용 중 70% 이상이 실패한다(https://www.fool.com/investing/2017/02/28/facebook-incs-chatbots-hit-a-70-failure-rate.aspx). 사용자는 자동화된 시스템에서 요구 사항을 빠르게 해결하고자 할 때 시스템이 제대로 응답하지 않으면 화를 낸다.

이해력의 정확도는 봇에 구축된 샘플 수에 달려 있다. 이 샘플들은 사용자가 요청하는 요구 사항 또는 의도를 표현하는 문장이다. 봇은 사용자가 요청한 문장을 행동으로 옮긴다. 각각의 모든 요청에는 수백 가지 문장이 있다. 변수가 많은 경우(예: 항공편 예약 봇)에는 수천 개의 문장이 있다. 샘플 수는 아직 해결되지 않은 문제이고 현재의 많은 봇이 매우 제한된 범위에서만 지원하고 있으므로 사용자에게 나쁜 경험을 제공한다.

GUI에서 CUI · VUI로

우리가 목격하고 있는 패러다임 시프트의 GUI에서는 CUI, **대화형 사용자 경험**CUX, conversational user experience, **음성 사용자 경험**VUX, voice user experience 으로의 전환은 많은 문제를 초래한다. 위에서 설명한 무제한 옵션 외에 NLU를 중심으로 제기된 어려운 AI 문제의 일부로 CUI(특히 음성 UI와 UX)를 구축할 때 스크린이 없는 환경에서 사용자를 노출해야 하는 문제가 있다.

상점에 가면 선택할 수 있는 모든 항목을 볼 수 있고 판매 사원에게 도움을 받을 수 있다. 우수 판매원은 상점에서 살 만한 물건을 손님에게 추천할 것이다. 온라인 쇼핑을 할 때는 구입할 수 있는 모든 상품을 볼 수 있으며 특정 상품을 검색하거나 다양한 결과를 얻을 수도 있다. 여기서는 이전 구매 내역에 따라 팝업 또는 뉴스레터와 같은 다양한 그래픽 유형으로 추천 상품을 얻을 수 있다. 텍스트 또는 음성 기반 CUI에서 제공하는 정보를 사용자에게 노출하기는 어렵다. CUI가 본질적으로 제한돼 있는 것처럼(특정 상황의 유스케이스에 초점을 맞춤) 제공하는 정보를 보여주는 방법 또는 사용자를 도와주는 방법도 제한적이다.

챗봇

많은 챗봇이 선택할 수 있는 옵션을 제공하는 메뉴 기반의 상호 작용을 사용하고 있다. 이 방식으로는 대화가 특정 흐름(상태 머신)에 따라 진행되지만 사용자에게 추가 정보가 제공된다는 장점이 있다. 이 솔루션의 문제점은 GUI 경험을 CUI로 상속해 사용하고 있고 매우 작은 부가 가치를 제공하고 있다는 것이다.

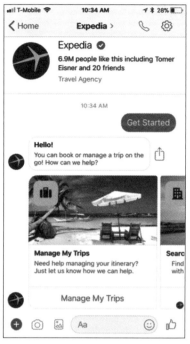

그림 15: 익스피디아 FB 메신저봇: 메뉴 기반의 상호 작용

▌ 보이스봇

보이스봇에서는 종종 '도움말' 및 사용자와 봇이 대화를 할 때 봇이 제공하는 활동 리스트를 제공한다. 도움말은 애플리케이션에 대한 소개 유형으로 구성돼 있으며 사용자가 요청할 수 있는 몇 가지 예를 제공한다. 항공편 예제에서 사용자가 "헤이 구글! 여행봇 열어!"라고 말한다고 가정해보자. 첫 번째 답변은 "여행봇에 오신 걸 환영합니다! 어떻게 도와드릴까요?"일 것이다. 사용자는 "SF에서 NYC로 가는 다음 항공편은 뭐지?"라고 물을 수 있다. 아마존 알렉사, 구글홈과 같은 음성 지원 장치는 사용자에게 몇 가지 질문 예제를 보여주는 지침 카트를 제공한다. 이 회사들은 새로운 기능이 있는 주간 뉴스레터를 발송한다.

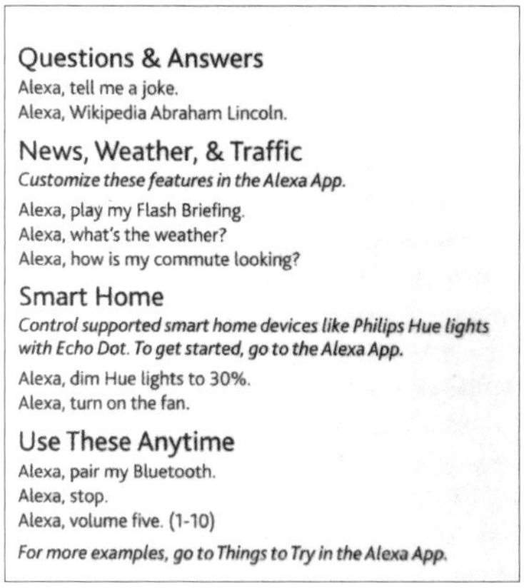

Questions & Answers
Alexa, tell me a joke.
Alexa, Wikipedia Abraham Lincoln.

News, Weather, & Traffic
Customize these features in the Alexa App.
Alexa, play my Flash Briefing.
Alexa, what's the weather?
Alexa, how is my commute looking?

Smart Home
Control supported smart home devices like Philips Hue lights with Echo Dot. To get started, go to the Alexa App.
Alexa, dim Hue lights to 30%.
Alexa, turn on the fan.

Use These Anytime
Alexa, pair my Bluetooth.
Alexa, stop.
Alexa, volume five. (1-10)
For more examples, go to Things to Try in the Alexa App.

그림 16: 아마존 에코 점프-스타트 카트는 생애 초보 사용자에게 기본 기능을 제공

암시적이지 않은 대화

상황을 인지하는 CUI와 UX에 대한 필요성은 앞에서 이미 언급했고, 3장, '대화형 킬러 앱 구축'에서 좀 더 상세히 다룬다. 이는 CUI 개발에 중요한 요소이므로 이번 절에서 한 번 더 언급한다.

봇은 컴퓨터보다는 인간을 대체할 것이다. CUI는 텍스트 또는 음성으로 인간과의 상호 작용을 모방한다. 상호 작용을 특정 유스케이스로 제한하고 질문으로 예상할 수 있는 모든 샘플 문장을 포함하는 경우에도 대화에서 예측하기 매우 어려운 한 가지는 '암시적이지 않은 요청'이다.

여행 상담원에게 전화를 걸어 딸의 여섯 번째 생일이 다가오고 있다고 말하면, 여행 상담원은 계산을 한 후 디즈니랜드로 가족 여행을 계획하고 있다고 이해한다. 그다음, 요청에 답변하는 데 필요한 모든 사항을 추출한다.

1. 날짜
2. 인원수: 성인/어린이
3. 항공편
4. 호텔 숙박 일수
5. 자동차 대여
6. 알레르기 및 기타 사항

디즈니랜드 여행 계획을 세우는 데 있어 명시적인 도움을 요청하지는 않았지만 여행 상담원은 단서를 연결해 요청에 답변할 수 있다. 이를 수행할 머신을 훈련하는 것, 즉 비암시적인 요청에 대응하는 것은 오늘날의 기술 스택에서 여전히 큰 과제다. 그러나 좋은 소식은 AI 기술(좀 더 구체적으로 ML과 DL)이 향후 2년 내에 이 문제를 해결하는 데 매우 유용하게 사용될 것이라는 점이다.

▌ 보안 및 프라이버시

챗봇과 보이스봇에서 논란이 되고 있는 부분은 보안과 프라이버시다. 요즘 세상에서는 챗봇과 보이스봇 플랫폼이 주요 선도 기업에 의해 통제되고 있고 고객의 데이터와 정보는 선도 기업의 자산이 되고 있다. 구글, 아마존 및 FB가 개인 데이터를 꽤 오랫동안 수집해 왔지만(구글에서 웹 검색, 아마존에서 상품 구매, FB에 글 게시) 이제 이들 기업은 웹/앱 환경 밖의 어느 곳에서든 고객의 모든 개인 메시지까지 '듣는다'. 최근 아마존 알렉사는 어떤 사람의 사적인 대화를 개인의 공간에서 녹음하고 사전 동의 없이 그 사람의 상사에게 보낸 문제로 고발당했다.

'끊임없이 듣는' 기능은 조지 오웰의 『1984』에서 사람들의 대화를 듣기 위한 파티 모니터링 텔레스크린을 생각나게 한다. 오웰의 텔레스크린은 대중을 통제하기 위한 수단이었지만 기업들이 솔루션을 소유하고 있는 현재에는 장치들이 미래에 어떤 영향을 미치게 될지 궁금하다.

위 선도 기업이 관리하는 대화 채널을 사용해 고객과 상호 작업을 하고 있는 기업에게는 반드시 해결해야 하는 도전 과제가 됐다. 5년 전 기업들은 데이터센터를 클라우드로 전환하는 것을 꺼려했는데 현재는 데이터가 추가 채널을 통해 전송되더라도 아무런 문제가 없다.

챗봇과 보이스봇을 디자인할 때는 보안과 프라이버시를 이해하는 것이 중요하다. 주로 고객의 데이터를 보호해야 하며 필요한 경우 해당 국가의 규정을 준수해야 한다. SSN^{Social Security Number}, 신용 카드 번호 등과 같은 특정 데이터를 요구하지 않고 사용자를 보안 사이트로 리디렉션해 등록을 완료하는 등과 같은 보완적인 방법을 사용한다.

█ 요약

아마존 에코 및 구글홈과 같은 지능형 어시스턴트, 챗봇, 보이스봇 및 음성 지원 장치는 인간-컴퓨터 간 통신을 통해 일상 업무를 개선할 수 있는 다양한 방법을 제공했다. 실제로 우리가 사용하는 일부 애플리케이션은 이미 삶을 편리하게 하는 음성/채팅 기반의 상호 작용을 제공하고 있다. 간단한 음성 명령으로 거실 조명을 켜거나 끄기, FB 메신저봇으로 온라인 쇼핑하기 등 CUI가 상호 작용을 보다 집중적이고 효율적으로 수행하는 데 도움을 준다.

지금부터는 CUI(음성 지원 통신)가 컴퓨터와의 모든 상호 작용을 빠르게 대체한다고 생각할 수 있다. 스파이크 존즈가 감독한 영화 〈Her〉(2013)에서는 보이지 않는 컴퓨터봇(스칼렛 요한슨 분)이 음성으로 주인공과 소통한다. 이 보이스봇은 등장 인물을 보조해주거나 안내해주거나 상담해주는 역할을 한다.

보이스봇은 강력한 개인 어시스턴트다. 보이스봇은 지식이 무한하고 대화(사실적인 아이디어 교환)를 만들 수 있으며 감정을 이해할 수도 있다(스스로 느끼지는 못함). 그러나 앞에서 살펴봤듯이 현재의 기술로 만들어진 실생활의 CUI는 〈Her〉에서 볼 수 있는 많은 구성 요소가 부족하고 아직 해결되지 않은 문제를 지니고 있다.

봇은 인간의 감정을 파악하거나 사회적 상황을 이해하지 못한다. 그럼에도 불구하고 오늘날 우리가 경험하고 있는 한계 때문에 모든 것을 알고 있는 슈퍼컴퓨터를 개발하는 것이 초지식인을 만드는 것보다 쉽다. 하지만 기술의 진보는 기술은 우리가 직면하고 있는 대부분의 어려움을 해결하고 성공적인 봇 어시스턴트를 만들어낼 것이다.

변환하는 시간이 좀 더 걸리는 이유는 인간의 회의론 때문이다. 사용자가 CUI에 대해 회의적이기 때문에 아직까지는 한계가 있다. 한계를 알고 있기 때문에 가장 잘 동작하는 것에만 집착하고 도전하지 않으려 하고 있다. 어린이와 봇의 상호 작용을 성인과 대비해보면 성인은 특정한 사용 범위 내에서만 상호 작용하고 있지만 어린이는 모든 것을 알고 있는 실제 성인과 같이 봇과 상호 작용한다. 이는 '닭이 먼저냐, 달걀이 먼저냐?'라는 딜레마일 수 있지만 한 가지는 분명하다. 이미 여행은 시작됐고 되돌아갈 수 없다는 것이다.

▌ 참고 문헌

- https://en.wikipedia.org/wiki/Conversation
- AI, 진화론적 연산과 메타휴리스틱에서 AI 완전성 기능을 정의하는 튜링 테스트, Roman V. Yampolskiy
- https://en.wikipedia.org/wiki/AI-complete
- https://www.fool.com/investing/2017/02/28/facebook-incs-chatbots-hit-a-70-failure-rate.aspdx

02

채팅 및 보이스봇 구축을
다음으로 미루지 않기

1장, 'CUI가 미래다'에서는 UI의 발전과 CUI에 대해 자세히 설명했다. 대화형 솔루션의 기술 스택뿐 아니라 채팅 솔루션과의 차이점에 대해서도 논의했다. 솔루션을 발전시키기 위해 몇 가지 과제에 초점을 맞추고 과제를 수행하는 몇 가지 방법에 대한 아이디어를 살펴봤다.

다음 몇 장에서는 채팅 및 음성 애플리케이션 모두에 CUI를 성공적으로 구축하는 방법에 관한 팁과 아이디어를 제공한다. 대화형 애플리케이션에 대한 요구 사항을 분석하기 전에 CUI에 관한 몇 가지 생각과 어떻게 구축하는 것이 잘못된 것인지 알려주고자 한다.

CUI를 왜 만드는가?

왜 CUI가 필요한가? 컴퓨터의 GUI에서 무엇이 부족해 우리 일상에서 새로운 UI 개발이 필요하게 된 것일까? 1장, 'CUI가 미래다'에서 CUI는 컴퓨터(친구 또는 서비스 제공자와의 텍스트/음성 기반 상호 작용을 모방)와의 Q&A에서 빠르게 상호 작용하게 해준다고 설명했다.

채팅 및 음성 상호 작용의 목표는 삶을 쉽게(적어도 기존보다 쉽게) 만드는 것이다. 처음에는 간단한 홈 기능으로 시작한다. 예를 들어 장치를 사용해 조명을 켜고 끄는 것, 운전하는 동안 손가락을 움직이지 않고 항공편 예약을 하는 것 등이다. 채팅과 음성은 다르게 사용되기 때문에 이하 절에서 각각의 목적을 별도로 언급한다.

채팅과 챗봇

텍스트는 사람 간의 주요한 상호 작용 방식이었다. 18~24 세 사이 성인의 약 50%는 텍스트 기반 대화가 전화 통화만큼이나 의미 있고 휴대전화를 사용하는 청소년의 90%는 텍스트를 적극적으로 사용하고 있다(http://www.pewinternet.org/2015/04/09/teens-social-media-technology-2015/). 문자 메시지는 짧고 집중적이며 핵심만 말한다. 전화를 걸 때보다 빠르고 응답율도 높다(https://www.textrequest.com/blog/texting-statistics-answerquestions/). 서비스 공급자에게는 전화하지 않지만 웹 사이트에는 방문한다. 웹 사이트는 사용자를 위한 다양한 선택권이 있지만 전화 통화와 마찬가지로 정보에 초점을 두고 있지 않다. 정보가 사방에 널려 있기 때문에 원하는 정보를 찾는 데 많은 시간이 걸린다.

이 문제를 해결하기 위한 첫 번째 방법은 상담원이 참여하는 채팅 솔루션이다. 이 방법은 마치 친구와 대화하는 것처럼 텍스트 기반 대화의 편리함을 제공했다. 웹 사이트의 채팅 기능을 사용하면 찾고 있는 정보를 오랫동안 검색하지 않고서도 바로 특정한 질문을 할 수 있다. 실제로 채팅 플랫폼은 크게 향상됐다. 웹 사이트는 온라인으로 모든 것을 제공해 기업에게 고객 지원에 대한 부담을 줄일 수 있도록 했지만 채팅 솔루션은 웹 사이트와 앱에서 집중적이고 빠른 답변을 찾는 사람들에게 서비스를 제공하기 위해 더 많은 상담원을 고용해야만 하는 부담을 안게 됐다.

비용과 확장성 문제를 한 번에 처리하려는 기업에게는 자동화된 솔루션이 필요했다. 인간에게 널리 사용되는 상호 작용인 채팅을 자동화된 방식으로 모방하는 것은 이치에 맞다. 챗봇의 목적은 기업의 고객지향적 상호 작용을 자동화하기 위해 확장 가능하고 비용 효율적인 솔루션을 제공하는 것이다. 사용자는 기업의 내부 지원이 필요한 고객 또는 직원이 될 수 있다.

사용자의 요청이 반복될 수 있다는 가정하에 챗봇이 최대한 많은 질문에 자동으로 답변을 제공하도록 만들고 챗봇의 자동 상호 작용이 실패하는 경우에는 고객을 인간 상담원에게 인계한다.

▎ 보이스봇, IVA 및 음성 지원 상호 작용

음성 사용은 새로운 것이 아니다. 우리는 이미 내선 번호를 누르거나 번호를 말해야 하는 자동 전화 시스템(IVR 또는 음성 답변 시스템)을 경험한 적이 있다. 그러나 이는 대화형 의사소통과는 거리가 멀다(1장, 'CUI가 미래다' 참조).

아마존 에코, 구글홈 등과 같은 음성 지원 장치는 특정 홈 명령어 및 기능을 제공하면서 시작됐다. 거실에서 조명을 직접 켜고 끌 필요 없이 알렉사에게 명령하면 된다. 차고 문을 닫거나 히터를 켜는 것을 잊어버린 경우에도 마찬가지다. 이러한 기능 중 상당수는 전용 모바일 앱으로 처리할 수 있다. 음성이 핵심적인 요소다. 휴대폰을 사용하는 데 있어 일상의 변화는 필요 없다. 그냥 말하면 마술처럼 처리된다.

음성-인간의 상호 작용에서 텍스트 기반 통신으로 갔다가 다시 음성으로 되돌아왔다. 하지만 이번에는 상호 작용이 짧고 핵심적이다. 목소리는 원하는 것을 표현하는 데 사용하지만 다른 사람에게 얘기할 필요는 없다. 음성 지원 대화는 양쪽의 장점을 모두 누릴 수 있다.

▌ 봇으로 하지 말 것

챗봇과 보이스봇의 구축 목적을 알게 되면 채팅 디자이너와 개발자가 가장 흔히 범하는 실수(애플리케이션의 GUI를 기반으로 CUI를 개발하는 것) 중 하나인 기본 사항을 이해하게 된다.

봇의 경험은 웹/앱 환경을 모방해서는 안 되며 서비스 제공자인 인간 상담원을 모방해야 한다.

많은 봇 개발자와 디자이너는 현실 세계의 상호 작용을 복제해 음성 및 대화형 기능을 활용하는 대신, 이전의 인간-컴퓨터 UI, 특히 웹 사이트/모바일 애플리케이션과 같은 디지털 채널의 동작을 모방하려고 한다. 개발자는 은행원과 여행 상담원의 일반적인 대화를 반영하는 음성 UX를 구축하는 대신, 은행 모바일 앱과 웹 사이트를 모방한 CUI를 강요한다.

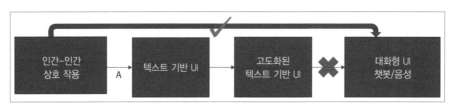

그림 1: 웹 경험을 복제하지 말 것

성공적인 CUI는 인간을 봇에 적용하는 것이다. 당신의 전화에 대한 상점의 응답을 고려해 채팅/음성 애플리케이션에서 어떻게 구현할 것인지 생각해야 한다.

▌적절한 만큼 유스케이스 정의

많은 기업이 봇이 인간의 상호 작용을 대체할 수 있는 유스케이스를 파악하기 위해 애쓰고 있다. 다음은 대부분 오늘날의 봇이 제공하는 상대적으로 빈약한 경험의 결과물이다.

자동화된 경험은 다음 중 하나와 같다.

- '너무 적은' 시나리오, 봇이 제공하는 정보가 거의 없어 사용자에게 아무런 가치가 없음
- '너무 많은' 시나리오, 봇은 할 수 있는 일에 대한 높은 기대치를 설정하지만 기대를 충족시키지 못함

두 경우 모두 봇은 목적을 달성하지 못한다. 기술의 한계 또는 잘못된 디자인으로 고객에게 빠르고 확장 가능한 서비스를 제공하지 못하고 비즈니스 비용 절감에 실패했다. **최소한의 실행 가능한 제품(MVP)**을 찾는 것이 채팅/음성 애플리케이션이 성공하기 위한 결정적 요소이지만 가치를 제공하지 않는 제한된 제품을 제공하는 것은 사용자를 '괴롭게' 한다. 보다 간단한 기능으로 서비스를 시작할 수도 있지만 사용자에게 더 풍부한 경험을 제공하는 개선된 기능을 개발해야 한다. 완벽한 애플리케이션을 제공해 사용자가 계속 대화형 애플리케이션을 사용하게 함으로써 웹 사이트, 모바일 앱, 콜 센터를 찾지 않도록 해야 한다.

1장, 'CUI가 미래다'에서 설명한 것처럼 대화형 디자인을 만드는 것은 어려운 작업이다. 봇 개발 프레임워크는 개발 기술 없이 챗봇을 만들 수 있는 쉽고 직관적인 플랫폼을 제공한다. 플랫폼에서 만드는 봇에는 경우에 따라 NLU 기능이 없으며 상호 작용에 대한 이해 수준이 매우 제한적이다. 이 경우, 사용자는 답변을 얻기 위해 정해진 방법으로 특정 질문을 해야 한다. 사용자가 사전에 구성된 대로 질문하지 않으면 봇은 사용자에게 답변할 수 없다. 일부 봇 개발 프레임워크는 이러한 제한점을 이해해 대화형 상호 작용을 제거하고 메뉴 기반 구조를 채택했다. 메뉴 기반 구조는 사용자가 선택할 수 있는 기능을 제공한다.

이 경우, 사용자는 대화에 참여해 메뉴에 없는 내용을 요청할 수 없다. 이 유형이 봇 개발자들이 GUI에서 CUI로 전환하는 가장 분명한 이유다.

다음 예는 메뉴에서 항목을 선택한 경우지만 요청을 이해하지 못했다. **상담원에게 말하기** 버튼이 제공된 후 누군가와 얘기하고 싶다고 입력했지만 봇은 입력한 요청을 이해하지 못했다.

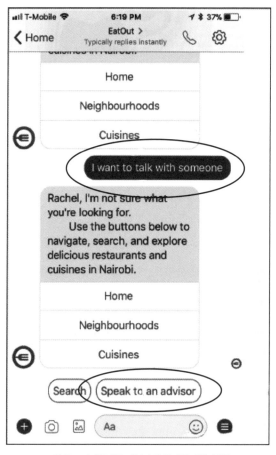

그림 2: 잇아웃 FB 메신저와 실패한 상호 작용

그런 다음 '음식'을 요청하기 위해 같은 표현을 사용해 입력했지만 시스템은 이번에도 이해하지 못했다.

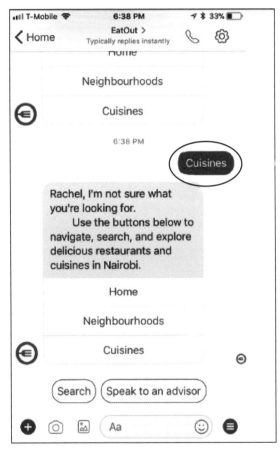

그림 3: 잇아웃 FB 메신저봇에서 정확한 매칭 요청 실패

익스피디아 챗봇에서의 경험이 더 좋았다. "호텔을 찾고 있다"라고 입력했더니 시스템은
빠르게 이해하고 계속 대화를 이어가며 어떤 도시에서 머물기를 원하는지 물었다.

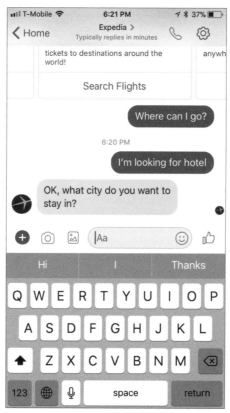

그림 4: 상황 인지 순서를 갖고 있는 익스피디아 FB 메신저봇의 성공적인 이해

그러나 "잠잘 곳이 필요해"를 입력했더니 다른 결과를 얻었다.

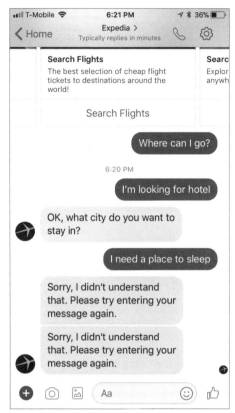

그림 5: 문장 샘플이 부족해 NLU가 익스피디아 FB 메신저봇의 요청을 이해하지 못함.

시스템은 질문의 의도를 이해하지 못하고 요청을 바꿔 말해 달라고 했다.

요약하면, 앞의 예는 챗봇에서 제공되는 유스케이스가 제한적이기 때문에 많은 경우에 별 가치가 없다는 것을 보여준다. 이러한 봇에서 제공되는 정보는 웹 사이트/앱에서 쉽게 찾을 수 있지만 제한적인 기능들은 우리에게 실망감을 안겨준다.

향후에는 '모든 것을 아는 지능형 어시스턴트'를 구상하고 있지만, 현재는 사용자의 요구를 제한하지 않는 봇도 쉽게 실패하는 수준에 머물러 있다. 유스케이스의 양과 지원되는 샘플 수는 균형을 이뤄야 한다. 즉 너비와 깊이를 함께 고려해야 한다. 사용자에게 무엇을 물어볼 수 있는지, 자동화 솔루션이 사용자에게 무엇을 제공할 수 있는지를 알려야 한다. 시스템이 처리하지 못하는 경우에는 실제 사람과 연결해 대화하도록 해야 한다.

익스피디아는 특정 범위에 국한돼 있고 인간 상담원 또한 모든 것에 답할 수 없다는 한계를 지니고 있다. 여기서 챗봇이 하지 못한 것은 제공하는 범위 내에서 자유로운 소통을 하게 하는 것이었다(단어를 선택하는 순간에 요청한 의도를 이해하지 못함).

▌ 먼저 시작하자

CUI는 비교적 많은 변화를 겪었다. 새로운 유형의 장치와 채널을 지원하고 새로운 기능을 추가하거나 UI와 UX를 개선하는 작업 등과 같은 채팅 및 음성 애플리케이션의 첫 번째 버전은 단지 시작일 뿐이다.

고객의 경험에서 배우고 솔루션이 어디에서 실패하는지 파악하며 솔루션이 고객에게 어떤 가치를 제공하고 있는지 측정하는 과정을 통해 지속적인 발전이 이뤄진다. CUI의 가장 큰 문제점은 기술적인 제약은 작고 언어적인 제약은 많다는 것이다. 이 중 중요하게 생각해야 할 점은 사용자가 정해진 제한된 공간에서 자유롭게 소통할 수 있어야 하고 지원하는 공간이 자동으로 확장돼야 한다는 것이다. 다섯 가지 기능을 모두 가진 봇으로 시작했더라도 다음 번에 출시하는 버전에서는 더 많은 기능을 제공하는 방법을 찾아야 한다.

▌ 요약

1장, 'CUI가 미래다'에서는 음성 및 채팅 애플리케이션에서 생기는 몇 가지 실수에 대해 설명했다. 이러한 실수들은 대화형 애플리케이션이 개발되면서 대부분 해결됐다. 그중 지식과 사고력 빈곤으로 생기는 실수들은 보다 쉽게 해결할 수 있었다. 채팅 및 음성 애플리케이션은 아직 모든 것을 알고 있는 개인 어시스턴스 수준은 아니다. 앱의 성공에 도움을 주는 구성 요소는 다음과 같다.

채팅 및 음성 상호 작용의 목표가 삶을 편리하게 만드는 것이라는 점에 집중하면 채팅과 음성 관련 과제들을 해결하는 데 도움이 된다. 챗봇과 보이스봇을 사용하면 반복되는 문제를 해결할 수 있지만 이때문에 사용자를 화나게 해선 안 된다. 이런 점을 염두에 두고 '하지 말아야 할 것' 세 가지를 요약했다.

1. 웹 기능을 모방하면 안 된다. 챗봇 및 보이스봇은 GUI 방식이 아니라 인간의 기능을 대체하는 방식으로 구축해야 한다.
2. 너무 적지도 많지도 않게 제공하라. 봇을 위한 봇을 만들면 안 된다. 봇이 고객에게 제공하는 가치를 이해하라. 고객에게 가치를 어떻게 제공하는지도 알아야 한다. 예를 들어 어떻게 상담원의 일을 줄여주고 잠재 고객을 유인하고 더 좋은 서비스를 제공해야 하는지 이해하라.
3. 계속 성장해야 한다. 다른 디지털 제품과 마찬가지로 챗봇과 보이스봇도 지속적으로 성장해야 한다. 챗봇과 보이스봇은 기술이 발전하고 개선되면서 기능이 좋아지고 더 똑똑해지고 적용 범위가 확대된다. 성장할수록 더 좋아진다!

2장에서는 대화형 애플리케이션을 성공적으로 구축하는 방법에 대해 알아봤다. 지금까지 하지 말아야 할 것에 대해 알게 됐다. 그다음으로 해야 할 것을 배울 때가 됐다!

▌ 참고 문헌

- http://www.pewinternet.org/2015/04/09/teens-social-media-technology-2015/
- 문자 메시지에 대한 추가 통계 보기: https://www.textrequest.com/blog/texting-statistics-answerquestions/

03

대화형 킬러 앱 구축

이제 CUI가 상치와의 상호 작용 방식을 변화시키고 있다는 점에 동의할 것이다. 또한 가상 어시스턴트, 챗봇 및 음성 제어 장치는 새롭고 자연스럽고 직관적인 인간–머신 간 상호 작용을 제공해 완전히 새로운 세계를 열어준다. CUI는 컴퓨팅의 새로운 분야이자 역동적인 분야이지만 몇몇 성공 사례가 있다.

3장에서는 대화형 킬러 애플리케이션을 만드는 데 도움이 되는 다섯 가지 팁과 채팅 및 음성 예제를 제공한다.

▮ 초기 성공으로 가는 지름길 찾기

음성 제어와 CUI는 새로운 것이 아니다. 과거에도 음성 제어와 CUI에 대한 시도가 있었고 노키아 피처 폰도 음성 제어 기능을 갖고 있었다. 그러나 기술이 성숙하지 못해 대부분의 시도는 성공하지 못했다. 한두 번의 시도가 실패하면 웹과 모바일 앱으로 다시 되돌아오곤 했다.

대화형 음성 응답(IVR, Interactive voice response) 시스템은 음성 제어 솔루션의 좋은 예이면서 구현이 잘못된 아이디어이기도 하다. 사실, IVR 사용자의 80% 이상이 IVR 사용에 대해 좋지 않은 경험을 갖고 있다고 한다(https://www.nice.com/engaged/blog/Everybody-Hates-IVR-2183). 그렇다면 어떻게 해야 성공할 수 있을까?

 사용자가 올바른 질문을 할 수 있도록 도움을 줘야 한다.

당연한 소리지만 챗봇이나 보이스봇이 성공하는 데 결정적인 요소다. 이 사실을 집에서 아마존 에코 장치를 처음 설정하면서 알게 됐다. 보조 모바일 앱을 사용해 "지금 몇시지?" 또는 "알렉사, 오늘 날씨는 어때?" 등과 같이 좋은 답변을 예상할 수 있는 질문을 했을 때는 곧바로 정확한 대답을 들을 수 있었다. "미안해요, 그 질문에 대한 답이 없어요"라는 기본적인 응답에도 실망하지 않았다.

사용자에게 성공적인 경험을 제공해 시스템을 신뢰하도록 하고 다소 한계가 있더라도 일부 특정 영역에는 유용하다는 점을 이해시켜야 한다. 장치들은 시간이 흐르면서 진화하고 지원 범위와 기능이 지속적으로 확장된다. 아마존 알렉사와 구글홈 등은 사용자에게 새로운 기능을 알리기 위해 주간 뉴스레터를 보낸다.

다음 이메일은 아마존 알렉사가 상호 작용 중에 물어볼 수 있는 질문 리스트를 제공하며 기부 방법 등과 같은 새로운 기능도 포함하고 있다.

그림 1: 아마존 알렉사는 매주 '알렉사의 새로운 기능'을 이메일로 보낸다.

구글은 구글홈/어시스턴트에서 사용자와 상호 작용하길 바라는 주제를 선택했다. 여기에서 사용자는 다른 주제에 관해 질문하는 데 필요한 새로운 제품/기능/기술 자료를 얻는다.

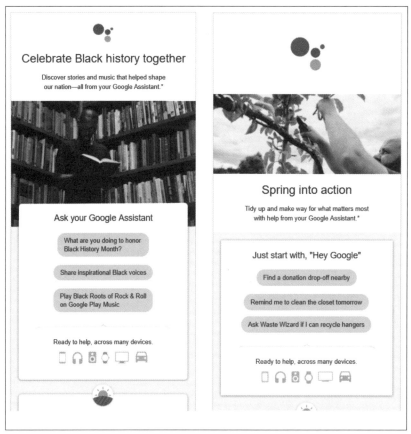

그림 2: 구글홈 뉴스레터

채팅 및 음성 제공자들은 이메일 의사소통 아이디어를 이용해 사용자가 챗봇/보이스봇과 더 많은 상호 작용을 하도록 장려하고 새로운 기능을 알려준다. 사용을 장려하는 가장 간단한 방법은 채팅 및 음성 애플리케이션에 새로 활성화된 기능을 포함한 동적 '환영' 메시지를 추가하는 것이다. 예를 들어 캐피털원Capital One은 정보를 업데이트할 때마다 사용자에게 새로운 기능을 알린다. 알렉사에게서는 다음과 같은 말을 들을 수 있다.

"캐피털원에 오신 것을 환영한다. 계좌 잔고 및 최근 거래 내역을 보실 수 있다. "

상황 인식 검색이라 부르는 또 다른 방법은 그룹과 임의로 접촉하는 경우, 사용자와 상호작용을 하는 동안에 검색을 시작하는 것이다. 예를 들어 은행 챗봇은 계좌 잔고에 대한 정보를 제공한다. 사용자가 "계좌 잔고가 얼마지?"라고 묻는다고 가정해보자.

시스템은 "당신 계좌의 잔액은 5,000달러다"라고 답변한다. 은행은 사용자에게 최근 계좌 간 송금 옵션이 활성화됐다는 정보를 알리기 위해 봇을 사용해 "계좌 간 송금이 가능하다는 것을 알고 계시나요?", "저축 예금 계좌로 1,000달러를 이체할까요?" 등 사리에 맞는 조언을 한다.

위에서 알 수 있는 것처럼 상황 인식 검색 프로세스는 사용자의 동작에 따라 수행된다. 사용자는 두 계좌 간 송금이 가능하다는 사실을 알게 됐을 뿐 아니라 즉시 이와 관련된 상황을 경험할 수도 있다.

요약하면, 사용자가 초기 성공에 대한 지름길을 찾아내면 자동화된 솔루션을 더 많이 탐색하고 발견하도록 격려받아 다른 채널로 되돌아가지 않는다는 것이다. 사용자에게 새로운 기능을 지속적으로 알려 챗봇과 보이스봇을 상황에 맞게 이용할 수 있게 하는 것이 중요하다.

▎ 검색 엔진처럼 생각하자

CUI의 진화와 CUI−명령행−검색 엔진과의 연결에 대해서는 이미 설명했다. 사용자는 컴퓨터에 텍스트로 질문하고 답변을 받는다. 그러나 명령행과 검색 엔진의 사용자 경험에는 큰 차이가 있다. 명령행에서 정확한 유형으로 입력하지 않으면 오류 메시지가 나타나지만 검색 엔진은 항상 질문에 대한 결과를 반환한다. 이 결과는 질문에 대한 답, 질문에 근접한 결과 또는 다른 검색에 대한 제안까지도 포함하고 있다.

다음 예에서는 구글에 대화형 애플리케이션에 대한 정보를 요청했지만 철자를 잘못 입력했다. 구글은 오류 메시지로 답변하지 않고 오히려 잘못된 요청을 해결하고자 노력했고 가능한 답변을 제안했다(요청에 대한 검색 결과가 없음을 알려줌).

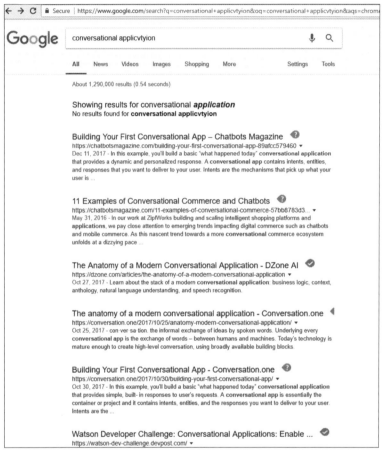

그림 3: 검색 엔진처럼 생각하자 – 사용자의 의도가 무엇인지 이해(구글 검색)

챗봇과 보이스봇도 이와 동일하다. 사용자가 철자를 잘못 입력하거나 사전 정의된 요청과 다른 표현을 사용하더라도 시스템이 오류 메시지를 표시하는 것보다 요청과 가장 관련이 깊은 답변을 제공하거나 수정 사항을 제공해야 한다. 구글홈에서 음악을 재생하려면 사용자는 "헤이 구글! 판도라에서 에드 시런 스테이션을 틀어줘"라고 말해야 한다. 구글은 판도라 계정에 접속한 후 에드 시런 노래를 검색해 재생한다. 이는 사용자가 분명하게 요청한 예다. 사용자가 이보다 짧게 "헤이 구글! 에드 시런 노래 틀어줘"라고 말하는 경우에는 사용자가 사용할 수 있는 음악 서비스를 검색한 후 재생할 에드 시런 방송국에서 음악을 재생한다. 또한 사용자가 가장 불분명하게 "헤이 구글! 음악 재생"이라고 말하는 경우에는 사용자가 사용할 수 있는 음악 서비스를 검색한 후 추천된 즐겨찾기 방송국에서 음악을 재생한다.

검색 엔진처럼 동작하면 기업과 봇에게는 사용자를 위한 다양한 응답과 놀라운 옵션이 생긴다. 검색 엔진처럼 동작한다는 아이디어는 챗봇/보이스봇에 NLU 엔진을 통합해야만 하는 필요성을 높인다. 봇이 채택한 NLU에 따라 이해 수준이 결정되고 사용자에게 많은 가치를 제공할 수 있다. 정확도가 높을수록 챗봇은 검색 엔진 역할을 할 수 있지만 명령행의 역할은 줄어든다.

많은 FB 메신저봇은 사용자의 요구를 표현하는 것을 허용하지 않고 고객 지원을 받는 과정을 안내하는 옵션 리스트를 자동으로 제공한다.

어떤 경우에는 봇의 내부에 텍스트 박스조차 없다(스포티파이 예제 참조). 멋진 사용 경험을 하고 사용 과정에 대한 안내를 받았지만 요청을 입력하는 것은 자유롭지 않다. 오직 미리 정의된 리스트에서만 선택할 수 있다.

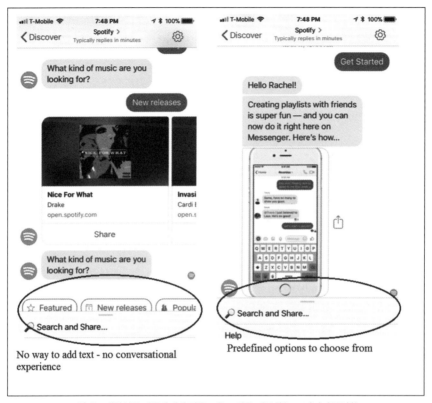

그림 4: 대화형은 사용자에게 자유로운 표현을 제공함(스포타파이 FB봇).

다음 웨스턴 유니온 FB봇Western Union FB bot은 문자를 보낼 수 있지만 어떤 요구 사항이든 메뉴를 제시한다. 요청 사항에 관한 오류 메시지가 나타나고 있는 것은 봇이 해결책을 제공하지 못한다는 의미다. 하지만 봇은 입력한 요청과 관련된 검색 옵션을 제시한다.

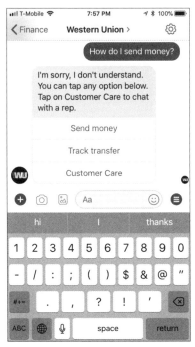

그림 5: 지원되는 선택을 이해하지 못함(웨스턴 유니온 FB봇).

마지막은 도미노 피자의 사례다. 도미노 피자는 가장 진보된 디지털 솔루션을 보유한 회사 중 하나로 대부분의 경우에 참고할 수 있는 훌륭한 기업이다. 다음 예에서는 어떤 이유로 마늘빵을 주문할 수 없었다(그림 6 참조). 지금 당장 마늘빵을 주문하는 것이 불가능하거나, 최소한 내가 요청한 것을 이해하거나, 다른 적절한 선택을 봇이 제안해주기를 기대했다.

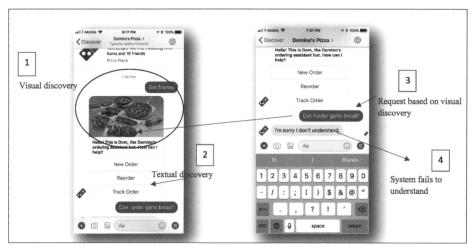

그림 6: 갖고 있는 제품을 홍보하고 사용자를 실망시키지 말라(도미노 피자 FB봇).

요약하면, 사용자 경험이 자동화된 상호 작용의 성공과 실패에 가장 중요한 요인이 돼 사용자가 요구하는 것을 얻는 데 도움을 주는 역할을 한다는 것을 명심하자. 사용자는 봇을 파악하는 역할을 수행하지 않는다. 사용자에게 최상의 결과를 제공하는 최선의 방법을 찾는 것이 중요하다.

▌ 봇에 '개성'을 부여하라. 그러나 인간으로 가장하지는 말라

7장, '개성 구축 - 봇을 인간답게 만들기'에서는 자동화된 솔루션으로 개성을 구축하는 데 집중한다. 하지만 이 주제는 팁 리스트에 포함돼야 한다. 봇은 다른 디지털 솔루션과 마찬가지로 브랜드에 적합한 개성을 지니고 있어야 한다. 개성은 시각 또는 음성으로 생성할 수 있다. 브랜드에 사용하는 캐릭터이든 봇을 위해 만든 캐릭터이든 개성은 봇의 아이콘 그 이상이다. 개성은 봇이 '말하는' 언어이고 봇이 갖고 있는 상호 작용의 유형 그리고 봇이 만드는 환경이다. 어떤 경우에도 봇이 고객과 얘기하는 인간인 척하면 안 된다. 사람들은 봇에게 봇이냐는 질문을 하기도 하고 심지어 대화와는 관련 없는 질문을 해 질문이 실패하게 하려고 한다(30×4,000이 얼마인지 또는 '특정 사건'에 대해 봇이 어떻게 생각하는지 등을 물음). 사용자에게 봇과 대화하고 있다는 사실과 도움을 줄 수 있다는 사실을 알려야 한다. 이렇게 하면 사용자가 의도적으로 봇을 떠날 동기가 없어진다.

챗봇 예제

다음은 개성이 일치하는 챗봇의 몇 가지 예다.

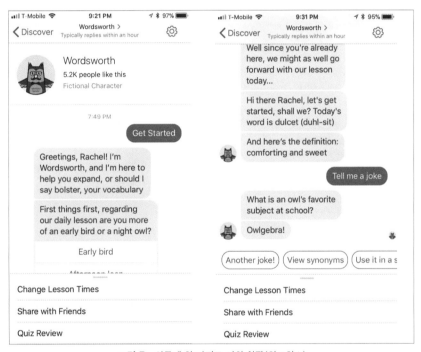

그림 7: 하루에 한 마디로 어휘 확장(워즈워스)

워즈워스^{Wordsworth} 봇은 올빼미 개성을 갖고 있다. 올빼미는 지혜를 상징한다. 지혜는 사용자의 어휘를 풍부하게 하려는 봇의 의도와 부합한다. 여기서 봇이 '발표자'로서의 올빼미 이상이라는 것을 알 수 있다. 언어와 단어 게임 그리고 마지막에 나오는 농담에도 주의를 기울이자. 농담은 개성을 전달하는 좋은 방법이다.

이 두 그림에서 봇이 표현하는 특정한 이미지가 무엇을 할 수 있는지 쉽게 알 수 있다.

DIY-Crafts-HandMade 봇은 가볍고 재미있는 것을 선호하는 경향이 있다. 사용하는 언어는 대화형(교훈적이지 않음)이므로 아이콘과 이모지[1]가 많이 사용된다. 이 봇은 소녀와 여성을 위해 만들어졌으며 사용자가 가정에서 아이들과 보내는 시간을 극대화하는 데 도움이 되는 친밀한 '친구'를 제공하거나 DIY 프로젝트를 시작할 수 있게 한다.

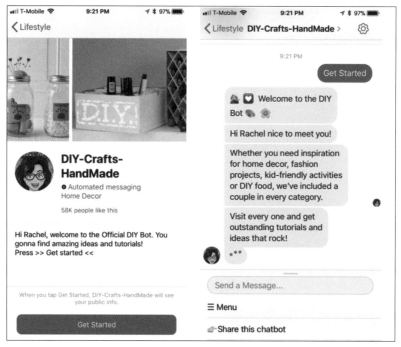

그림 8: DIY-Crafts-HandMade FB 메신저봇

---

1 스마트폰에서 문자를 조합하는 이모지와 달리, 일본 휴대전화 메시지에서 시작된 그림 유형의 문자(그림 문자) – 옮긴이

보이스봇 예제

오늘날의 음성 지원 장치의 한계 중 하나는 음성 자체다. 구글과 시리는 몇 가지 음성을 제공하지만 알렉사는 1개의 음성으로 제한돼 있어서 독특한 개성을 만들기 어렵다. 이 문제는 기술이 발전하면서 차차 해결되겠지만 보험사인 가이코의 창의력은 매우 인상적이다. 가이코는 가이코의 독특한 목소리와 개성을 유지하기 위해 알렉사 스킬의 일부인 가이코의 개인화된 음성을 녹음한 여러 개의 MP3 파일을 통합했다.

그림 9: 가이코의 음성은 제한된 상황에서의 현명한 해결책임.

가이코는 수년간 가이코의 개인화에 투자했다. 가이코는 TV 및 라디오 광고에 매우 익숙하므로 고객이 알렉사 앱이나 구글 액션을 동작시키면 올바른 위치에 있다는 것을 알게 된다. 가이코는 가이코의 음성을 다양한 (비동적) 메시지와 인사말을 통합해 성공적으로 처리했다.

또한 장치에서 일반적인 음성을 매우 잘 처리했다. 가이코가 사용자에게 인사하고 무엇을 할 수 있는지에 대한 정보를 제공한 후에 "여기 내 친구가 당신을 도울 수 있다"라고 말하면서 사용자가 하는 모든 질문을 알렉사에게 전달한다. 챗봇, 보이스봇(교차 채널)과 같은 자동화된 솔루션에 생동감을 부여하는 브랜드 개성의 좋은 사례다.

▌옴니 채널 솔루션 구축 - 도구 찾기

디자인 측면보다 전략적 측면을 고려하면 새 장치가 이전 장치를 대체하지 않는다는 점을 기억해야 한다. 장치는 지원이 필요한 채널에만 추가된다. 오늘날의 사용자들은 언제 어디서나 다양한 서비스를 찾고 있다. 모든 채널에서 비슷한 수준의 서비스를 제공하는 것은 쉬운 일이 아니지만 애플리케이션의 성공에는 큰 역할을 한다. 그 이유는 여러 가지다. 예를 들어 아마존 에코, 구글홈 등과 같은 가정용 장치에서는 이른 아침과 늦은 밤에 요청이 급증하는 것을 볼 수 있다. 그러나 낮에는 FB 메신저 또는 지능형 어시스턴트에서 더 많이 활동한다.

연령대가 다른 그룹은 서로 다른 채널의 제품을 소비하며 지역적 특성에도 많은 영향을 미친다. 교차 채널 또는 옴니 채널 지원을 제공하는 것이 곧 다양한 경험과 기능을 제공하는 것을 의미하진 않는다. 각 채널의 경험을 가장 훌륭하고 진보된 상태로 제공하려면 각 솔루션이 주는 부가 가치를 파악하기 위한 노력이 필요하다.

챗봇과 보이스봇의 상호 작용에는 분명한 차이가 있다. 감정을 음성으로 표현하기는 어렵지만 글을 쓰는 것과는 달리 얘기를 하거나 자신을 이모지로 표현할 수 있다. 아마존 알렉사, 구글 어시스턴트/홈, 애플의 홈팟과 같은 다양한 음성 지원 장치에는 차이점이 있다. 기술과 행동에도 차이가 있다. 홈팟은 기업이 사용할 수 있는 제한된 유스케이스를 제공하지만 아마존 알렉사와 구글홈은 유스케이스를 자유롭게 만들 수 있게 해준다. 실제로 보조 화면을 제공하는 에코 쇼, 상대적으로 화면과 음향이 부족한 에코닷 등과 같은 아마존 에코 장치 사이에도 차이가 있다.

모든 상황을 가정해 좋은 대화형 애플리케이션을 개발하는 것은 쉬운 일이 아니다. 개발자는 ML, 음성 인식 및 NLP에 대한 심오한 지식을 적용해야 한다. 더욱이 역동적이고 유연하면서 정교하고 희귀한 기술이 필요하다. 현재의 최고 트렌드는 며칠 만에 치솟거나 단 몇 달 만에 무너질 수 있는 위험한 환경에 처해 있기 때문에 초기 투자는 불확실할 수 있다.

현재는 몇몇 장치와 채널에 다채널 통합을 제공하는 개발자 도구가 있다. 개발자 도구는 장·단기적으로 적극 추천된다. 플랫폼은 봇 디자이너와 봇 빌더가 비즈니스 로직과 구조에 집중하게 하면서 모든 통합 작업을 자동으로 처리하게 해준다. 플랫폼 중 일부는 채팅, 일부는 음성에 초점을 맞춘다.

몇 가지 도구는 여러 자동화된 채널과 장치 사이에서 브리지를 제공한다. 대화는 플랫폼 안에서 확인할 수 있다.

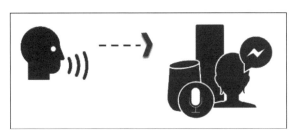

그림 10: 음성 및 채팅을 위한 옴니 채널 솔루션 구축

▌ 최신 트렌드 파악

CUI는 모든 디지털 솔루션에 적합하지만 컴퓨팅 분야의 새로운 분야이며 매우 역동적이다. 오늘날의 최신 트렌드는 성공할 수도 있지만, 불과 몇 개월 만에 쓸모 없는 구식이 될수도 있다. 고객이 기대하는 것을 제공하고 있는지 확인해야 한다. 경쟁자를 포함한 다른 사람에게 배워야만 기술이 향상되고 새로운 차원으로 진화할 수 있다. 신규 NLU 기능, 장치와 채널 기능에 대한 관심이 필요하다. 최신 기기를 모두 지원하고 새로운 기능과 UI와 UX를 추가한 새로운 유형의 대화가 포함돼야 한다.

불과 몇 개월 전만해도 사용할 수 없었던 서비스, 즉 여러 목소리에서 선택할 수 있는 옵션, 상황에 맞게 상호 작용을 구축할 수 있는 능력, 다단계 의도를 만들 수 있는 가능성 등이 이제는 중추적인 서비스가 됐다. 봇의 기능을 분석하고 성과를 측정해보자. 봇이 얼마나 많이 사람을 돕고 있는지, 무엇을 실패했는지 확인해야 한다. 실제로 인간 상담원을 대신하고 있는가? 측정 가능한 가치와 새로운 진전을 이뤄내고 있는가?

각 출판물의 새로운 트렌드와 기능에 대해 알아보자. Voicebot.ai, Chatbot Magazine, Chatbot Life 등과 같은 출판물에서 AI 부분을 살펴보는 것이 좋다. 관심 영역/업무 영역과 관련된 간행물을 찾아볼 것을 추천한다.

▌요약

3장의 권장 사항을 몇 마디로 요약하면, 봇은 사용해야 하는 이유, 가치, 기능을 제공해야 한다는 것이다. 음성과 채팅으로 접근하는 모든 채널에서 사용되는 자동화된 솔루션은 비즈니스 규모에 맞게 서비스와 가치를 제공하는 데 사용하는 도구다. 봇은 목표가 아니라 도구이며 비즈니스 목표를 극대화하는 데 사용하는 추가 소통 방식이다.

작고 실험적인 봇으로 시작할 수도 있지만 봇은 이미 검색 엔진을 제공하고 명령어처럼 행동하지 않는 수준에 도달해 있다. 봇의 목표가 무엇인지 생각해야 한다. 목표를 달성하기 위해 어떤 NLU와 개발 플랫폼을 사용하고 있는가? 프로세스를 지속적으로 운영하라. 일회성 프로젝트가 아니다! 흥미롭고 역동적인 시장에서 성장하고 창의적인 리더가 되기 위해 노력하자. 모든 것이 가능하다. 비전을 세우고 실천하자.

또한 고객과 진실한 관계를 갖고 있는 것에 대해서도 얘기했다. 봇을 실제 인간이라고 생각하지 말고 시각, 의미 심지어 음성을 사용해 비즈니스를 잘 묘사하는 개성을 부여해야 한다.

마지막으로 지금 시작해야 한다. 주저하면 안 된다. 음성 제어 및 대화 기능을 사용해 제공할 수 있는 가치를 찾고 봇 구축을 시작하라.

4장, '아마존 알렉사 및 구글홈 디자인'에서는 아마존 알렉사 스킬과 구글 액션을 개발하는 방법에 대한 기술적인 세부 사항을 설명한다.

▌ 참고 문헌 및 추가 정보

- https://www.nice.com/engage/blog/Everybody-Hates-IVR-2183
- https://chatbotmagazine.com/
- https://www.voicebot.ai/
- https://chatbotlife.com/
- https://dzone.com/article-intelligence-tutorials-tools-news

04

아마존 알렉사 및 구글홈 디자인

2장, '채팅 및 보이스봇 구축을 다음으로 미루지 않기'에서 지난 몇 년 동안 음성 솔루션의 출현, 채팅과 음성 애플리케이션의 디자인 차이점에 대해 얘기했다. 우리에게 음성은 새로운 것이 아니지만 최근까지 주로 IVR 시스템과 녹음된 메시지에 제한돼 있다는 것을 알게 됐다. 대화형 커뮤니케이션과는 거리가 멀지만 아마존 에코 및 구글홈을 비롯한 새로운 음성 지원 장치 때문에 상황이 바뀌기 시작했다.

3장, '대화형 킬러 앱 구축'에서는 음성 및 채팅 애플리케이션을 모두 반영하는 대화형 킬러 애플리케이션을 구축하기 위한 다섯 가지 팁을 살펴봤다.

4장에서는 음성 디자인, 특히 아마존 알렉사 및 구글홈에 초점을 맞춘다. 기술과 음성 UX 권장 사항을 모두 검토하고 몇 가지 예를 제공한다. 다양한 장치와 운영 체제를 살펴보고 알렉사 스킬과 구글홈 액션 구축을 더 깊게 다룬다. 이 단계별 가이드는 채팅과 음성 두 채널에서 첫 번째 대화형 애플리케이션을 설정하는 데 많은 도움이 된다.

▌ 아마존 에코? 알렉사? 구글홈? 액션?

음성 애플리케이션 및 음성 기반 장치를 더 깊이 다루기 전에 현재 나와 있는 다양한 용어와 솔루션을 이해할 수 있도록 개요를 간단히 살펴본다. 아마존 제품부터 시작해 구글 제품에 대해 설명하고 애플 홈팟에 대해 간략하게 다룬다.

아마존 에코

흔히 '에코'라 불리는 '아마존 에코'는 아마존이 개발한 스마트 스피커 브랜드다. 일부 보도에서는 아마존이 킨들을 뛰어넘는 장치 포트폴리오를 확장하는 첫 시도로 2010년부터 에코 장치를 개발해왔다고 말한다(https://en.wikipedia.org/wiki/Amazon_Echo).

2015년에 출시된 1세대 아마존 에코는 23.5cm 높이의 실린더 스피커와 일곱 조각의 마이크 어레이로 구성돼 있으며 동작을 하기 위해서는 무선 인터넷 연결이 필요하다. 이 장치는 기본 모드에서 모든 말을 듣고 깨우기 단어(호출 단어)를 모니터링한다. 음소거 버튼을 눌러 오디오 처리 회로를 끄면 에코 마이크를 수동으로 비활성화할 수 있다.

그림 1: 아마존 에코는 청색 신호를 표시해 요청에 응답함.

에코닷

2016년 3월 아마존은 아마존 에코의 소형 버전으로 아마존 에코(하키 퍽 모양)를 선보였다. 이 제품은 풀 사이즈의 에코 대신 침실에서 사용하기 쉽게 만들어졌다. 아마존은 아마존 에코와 에코닷 간에는 별 차이가 없다고 말한다. 하지만 아마존 에코의 풀 사이즈 스피커 파워가 더 강하고 에코닷은 배경 잡음에 민감하다는 것이 밝혀졌다.

그림 2: 에코닷, 하키의 퍽 만한 장치(www.cnet.com)

에코 쇼

2017년 5월 아마존은 에코 쇼를 발표하면서 화면을 다시 채용했다. 에코 쇼는 7인치 LCD 화면을 사용해 미디어 재생과 화상 통화와 같은 새로운 기능을 공개했다. 가장 대표적인 기능은 미디어 재생 중 유튜브를 재생하는 것이었기 때문에 구글은 몇 달 후 에코 쇼에서 유튜브를 비활성화했다.

그림 3: 화면과 음성을 연결하는 에코 쇼

2017년 아마존은 에코 룩, 에코 탭, 에코 스팟 등과 같은 장치를 추가로 출시했다. 모든 장치가 에코 장치와 비슷한 기능을 갖고 있다.

▎ 알렉사

알렉사는 '머신 뒤에 있는 두뇌'로 불린다. 알렉사는 아마존 에코의 음성 서비스로, 우리와 말하고 (어쩌면) 대화할 수 있다. 알렉사는 조명 켜기, 차고 열기 등과 같은 가정의 일상적인 간단한 명령에 응답하는 것으로 시작했지만 아마존은 알렉사 기술을 다른 개발자에게 공개해 '알렉사 스킬'을 구축할 수 있도록 했다. 알렉사 스킬은 알렉사를 동작시키고 에코 장치에 연결된 간단한 애플리케이션이다.

알렉사는 클라우드를 기반으로 동작하며 수천만 대의 아마존 장치와 서드파티 장치 제조업체의 장치에서 사용할 수 있다. 2018년 3월 아마존 알렉사의 스킬 수는 3만 개를 돌파했다. 많은 개발자가 매우 빠르게 성장하는 가상 어시스턴트 기능을 활용하려는 추세에 힘입어 아마존은 스마트 스피커 시장(시장의 80%)과 애플리케이션 시장(구글은 2,000개 수준) 모두를 장악했다.

▎ 구글홈

아마존은 선점 효과 덕분에 2016년 3분기에 94%의 높은 시장 점유율을 달성했다. 그러나 그 이후 구글홈은 시장에서 34%를 약간 넘는 성장세를 보였다. 일부에서는 구글홈이 2022년까지 아마존 알렉사를 넘어설 것이라 예상한다(그림 4 참조).

82

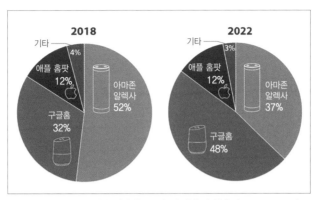

그림 4: 스마트 스피커 시장과 구글홈에 대한 전망(출처: Voicebot.ai)

구글홈은 구글에서 개발한 스마트 스피커 브랜드다. 첫 번째 장치는 2016년 11월 미국에서 출시됐다.

그림 5: 구글홈: 늦깎이?

구글홈 스피커는 경쟁사와 마찬가지로 음성 명령을 사용해 서비스와 상호 작용할 수 있다. 지능형 개인 어시스턴트의 유형을 가진 구글홈의 보이스봇을 '구글 어시스턴트'라 한다. 구글 어시스턴트는 대부분의 안드로이드 폰에서 사용할 수 있으며 애플 장치에서도 다운로드할 수 있다.

아마존 알렉사와 마찬가지로 구글홈은 **액션**이라 부르는 자체 제작 서드파티 애플리케이션을 제공한다. 이 액션은 음성만으로 사용자가 구글홈과 상호 작용할 수 있게 한다. 구글홈 장치는 홈 오토메이션 지원을 시작으로 사용자가 스마트 가전 제품을 음성으로 제어할 수 있게 한다.

원래 제품은 원통 모양이며 장치의 상태를 위쪽에 있는 상태 LED가 시각적으로 표시한다. 베이스 위의 커버는 모듈식이어서 구글 스토어를 통해 제공하는 다양한 색상 옵션을 사용해 장치가 환경에 섞이게 한다. 2017년 10월 구글은 제품 라인업에 구글홈 미니와 구글홈 맥스를 추가로 발표했다.

구글홈 미니

구글홈 미니는 2017년 후반에 출시됐다. 구글홈 미니는 여러 가지 면에서 에코닷과 비슷하고 전체적인 기능은 동일하지만 사이즈는 10cm에 불과하다. 구글은 '도넛 만한 사이즈, 슈퍼 히어로의 힘'이라는 슬로건을 내걸었다.

그림 6: 구글홈 미니: 닷에 대한 반응?(www.cnet.com)

구글홈 맥스

구글홈의 상위 버전인 맥스는 스테레오 스피커, 오디오 커넥터와 USB를 포함하고 있다. 맥스는 애플의 홈팟에 맞서기 위해 환경, 시간 등과 같은 요인에 따라 사운드 출력을 자동으로 조절하는 적응형 오디오 시스템인 스마트 사운드를 포함시켰다.

그림 7: 구글 홈맥스는 스마트 사운드를 위해 ML을 사용(www.target.com)

▌ 애플 홈팟에 대한 몇 마디

홈팟은 애플의 스마트 스피커다. 가장 최근(2017년 6월 5일)에 발표됐으며 2018년 초에 출시됐다. 애플은 스피커의 기능에 집중하면서 출시가 지연됐다고 주장했다. 홈팟 스피커는 의심의 여지없이 다른 스피커보다 훨씬 뛰어나지만 최소한의 기능과 함께 상당히 높은 비용(경쟁사의 30~80달러보다 높은 350달러라는 가격) 때문에 경쟁에서 뒤처지고 있다.

많은 사람이 시리^{Siri}로 음성 시장을 개척한 애플이 스마트 스피커 시장에서 사라지는 지경에 이르렀다고 주장한다. 애플의 보이스봇인 시리를 모든 iOS 장치에 적용하는 것만으로는 스마트 스피커 시장을 장악하기에 충분하지 않았다. 애플의 CEO 팀 쿡$^{Tim\ Cook}$은 애플은 처음보다 최고가 되는 것에 신경을 더 쓰고 있다고 한다. 그러나 홈팟을 출시하고 난 이후, 언론들은 홈팟에 열광하지 않았다. 많은 사람이 홈팟의 사운드는 경쟁사보다 훌륭하지만 기능은 스마트하지 않다고 얘기한다.

애플은 경쟁사와 달리 폐쇄적인 접근 방식을 취했기 때문에 개발자는 사전에 구성된 옵션 내에 정해진 최소한의 기능만 개발할 수 있었다. 이는 기업이 고객과의 고유한 사용자 경험을 개발하기보다 기업의 API를 특정 기능에 연결할 수 있다는 것을 의미한다.

그림 8: 홈팟의 사운드는 훌륭하지만 기능은 스마트하지 않음(www.apple.com).

▌ 기술과 행동 개발

아마존과 구글은 개발자 커뮤니티의 가치를 보이스 어시스턴트가 성공하는 열쇠라고 생각한다. 따라서 두 플랫폼은 개발자가 음성 애플리케이션을 구축하고 배포하게 해주는 개발콘솔을 제공한다. 이 절에서는 아마존 알렉사 개발자 포털과 구글 어시스턴트가 제공하는 툴 세트에 초점을 맞추고 개발을 단계별로 지원하는 튜토리얼을 제공한다.

아마존 알렉사 스킬 구축 또는 구글홈 액션으로 작성된 애플리케이션은 사용자의 요청에 응답하기 위해 개발됐다. 사용자 요구에 응답하는 기술을 개발할 때는 Q&A 유형으로 생각해야 한다. 즉 사용자가 무엇을 말하거나 질문할 것인지 파악하고 어떻게 반응해야 하는지를 정해야 한다.

간단한 예:

사용자: "보험에 대한 도움이 필요해."

스킬/액션 반응: "1-800-1234-567로 전화하세요."

앞의 요청과 응답을 분석해 다음과 같은 계획을 세운다.

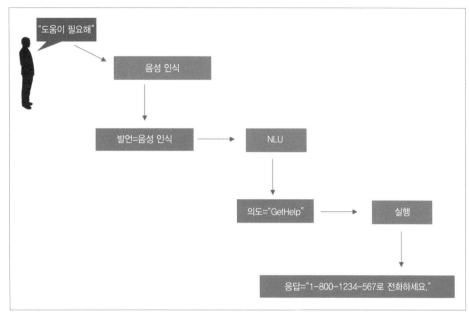

그림 9: 음성 상호 작용에 대한 기술적 여정

음성 인식

음성 인식은 음성을 텍스트로 변환한다. 컴퓨터는 음성을 마이크로폰으로 포착하고 단어를 텍스트 사본으로 제공한다. 음성 인식에 대한 좀 더 자세한 내용은 1장, 'CUI가 미래다'를 참조하라.

발언

발언(아마존 알렉사의 '예제 말하기', 구글 어시스턴트의 '사용자가 말한다')은 사용자가 질문하거나 요청하기 위해 사용하는 문장이다. 앞의 예에서 "도움이 필요해"가 발언에 해당한다.

특히 음성으로 하는 대화형 애플리케이션에서의 과제는 특정 **의도**(예: 다음 절 참조)에 가능한 발언과 문장을 정확하게 매핑할 수 있는 계획을 세워야 한다. 앞의 예에 추가할 수 있는 발언은 다음과 같다.

- 보험에 대해 알려면 누구에게 연락해야 하는가?
- 누가 보험 가입을 도와주는가?
- 현재 보험에 대한 도움이 필요해.
- 보험과 관련해 전화를 하려면 어떻게 해야 하는가?

가능성은 이보다 많다. 사실 아마존과 구글은 사용자 요청과 관련된 의도 간의 매핑이 성공적으로 완료되도록 하기 위해 각 의도별로 최소 30개 이상의 문장을 제공할 것을 권장한다. 경험에 따라 판단할 때는 몇 백 개, 때로는 1,000개 이상의 문장이 높은 정확도를 제공한다.

NLU

NLU는 독해를 담당한다. 컴퓨터는 텍스트를 읽은 후(음성 인식에서는 음성 인식 후 텍스트로 변환) 사용자의 의도를 파악하려고 한다. NLU에 대한 좀 더 자세한 내용은 1장, 'CUI가 미래다'를 참조하기 바란다.

의도

사용자의 목표는 의도다. 의도는 사용자 요청에 따라 결정된다. 앞의 예에서 사용자는 도움을 요청했고 사용자의 의도는 도움을 줄 수 있는 사람을 찾는 것이었다.

이행

의도와 요구된 응답을 연결하는 코드(API)다.

응답

사용자에게 보내는 대답이다. 응답은 예제의 전화번호처럼 하드코딩될 수 있지만 동적으로 처리할 수도 있다. 동적으로 응답할 때는 시스템이 수집하는 특정 매개변수(엔터티/슬롯 참조)에 따라 응답을 사용자별로 조정하거나 맞출 수 있다. 동적 응답을 제공하려면 요청을 특정의 API 세트에 연결해야 한다.

슬롯/엔터티

슬롯/엔터티는 1개 이상의 질문과 대답을 제공하는 복잡한 구조를 만드는 데 사용되고 있다. 예를 들어 지원 전화번호가 사용자의 특정한 요구에 달려 있다고 가정해보자. 사용자는 다음과 같이 말할 수 있다.

- **자동차** 보험 관련 도움이 필요하다.
- **가정** 보험 관련 도움이 필요하다.
- **여행** 관련 도움이 필요하다.

위 예에서 사용자의 의도는 'GetHelp'와 동일하다. 각 고유의 보험에 대해 다중의 흐름을 작성하는 대신, 엔터티를 사용해 간단하게 설정한다. 위 예의 경우 엔터티는 다음과 같다.

- **자동차**
- **가정**
- **여행**

응답은 이 방식으로 식별한 엔터티를 기반으로 매핑할 수 있다.

- GetHelp {자동차} → {CarNumber}로 전화하시오.
- GetHelp {가정} → {HomeNumber}로 전화하시오.
- GetHelp {여행} → {TravelNumber}로 전화하시오.

대화의 흐름이 어떻게 구성돼 있는지 알게 됐으므로 그다음은 아마존 알렉사와 구글홈에서 어떻게 진행되는지 확인해야 한다.

▌ 아마존 알렉사에서 스킬 개발

아마존은 개발자에게 알렉사 스킬을 개발할 수 있는 개발자 콘솔을 제공한다. 최근 아마존은 알렉사 블루프린트에서 개발자가 아닌 사람이 가정용과 게임용 유스케이스에 맞는 '개인 스킬'을 개발할 수 있게 했다.

이 튜토리얼에서는 비즈니스 유스케이스를 위한 알렉사 스킬을 개발하는 단계에 중점을 둔다.

1. **아마존 개발자 계정 만들기 또는 로그인**

   알렉사 스킬을 개발하기 전에 아마존 개발자 포털(http://developer.amazon.com/)에서 (무료) 계정을 만들어야 한다. 이미 계정이 있는 경우에는 **Sign in** 버튼을 클릭한다.

그림 10: 아마존 개발자 포털에서 스킬 개발

2. **스킬 만들기:** 스킬 구축을 시작하려면 Create Skill 버튼을 클릭한다.

3. **프로젝트명 지정**: 스킬에 이름을 부여한다. 프로젝트명은 사용자와 스킬이 대화하기 위해 사용하는 이름이 아니다. 다음 예에서는 스킬명을 'Packt Publication'으로 지정했다.

4. **스킬 모델 선택**: 아마존 알렉사는 스마트 홈과 비디오 등과 같은 특정 모델에 대한 고유한 설정 구성을 제공한다. 처음부터 스킬을 구축한다고 가정하고 Custom Model 옵션을 선택했다.

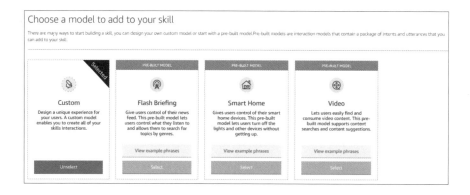

5. **스킬 커스터마이징 시작:** 스킬 대시보드에 온 것을 환영한다. 왼쪽에는 알렉사 스킬 설정 단계를 안내하는 메뉴, 오른쪽에는 스킬을 키우는 네 가지 빌딩 블록이 있다. 스킬 대시보드는 다음을 포함하고 있다.

   - **호출명**
   - **의도, 샘플, 슬롯**
   - **빌드 모델**
   - **엔드포인트**

   다음 단계에서 각 단계를 검토한다. 일단 완료되면 모든 회색 체크 표시가 녹색으로 바뀌고 알렉사 스킬을 시작할 수 있다. 거의 준비됐다!

6. **호출명 선택:** 사용자가 알렉사에 접근할 때 스킬을 호출할 이름을 입력한다. 이 예에서는 프로젝트와 동일한 이름을 선택했지만 다른 이름을 사용할 수도 있다. 아마존 알렉사는 호출명에 대한 요구 사항을 발표하고 (다음 그림의 녹색 콘솔 참조) 호출명이 중복되지 않고 알렉사가 쉽게 이해하도록 요구 사항을 엄격하게 관리한다.

다른 규정에는 대문자로 표기할 수 없고 특수 기호를 사용할 수 없으며 한 단어 이상이어야 한다. 사용자에게 적합하면서 아마존의 요구 사항을 준수하는 호출명을 선택해야 한다.

7. **인터페이스 활성화:** 인터페이스는 스킬을 사용할 수 있게 하는 추가 통신 유형이다. 인터페이스는 오디오와 비디오 플레이어를 포함하고 있다. 비디오 플레이어는 에코 쇼에서만 활성화된다.

8. **의도 추가:** 스킬을 구축하는 핵심인 의도를 추가한다. 가장 먼저, 각 의도에 이름을 부여한다. 대문자가 아닌 문자를 사용하고 단어가 연결돼 있는지 확인한다(단어명이 한 단어 이상인 경우). 완료되면 **Create custom intent**를 클릭한다. 아마존은 사용자에게 미리 만들어진 공통 의도를 제공한다. 미리 만들어진 의도를 사용해 자신만의 의도를

구축하는 것이 좋다. 최근 아마존 알렉사는 교차 채널 상호 작용을 할 때 도움이 되도록 사용자의 전화번호를 요청할 수 있다.

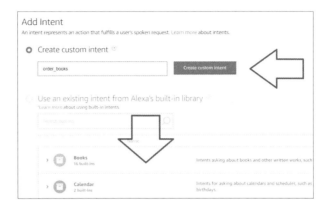

9. **샘플 발언 추가하기:** 각 의도에는 사용자가 특정한 요청을 하기 위해 말하는 문장에 대한 일련의 예시적 표현이 있다. 샘플 문장은 많이 추가될수록 대화의 정확도가 높아진다. 이 예에서는 사용자가 책을 주문할 때 사용할 수 있는 샘플 2개를 추가했다. 최소 15개의 샘플로 시작하는 것이 좋다. 이 화면에는 슬롯을 추가하는 옵션이 있다(이전 설명 참조).

10. **엔드포인트 연결하기**: 이 단계에서 Lambda 함수를 작성하고 의도와 샘플을 연결한다.
AWS Lambda ARN 옵션을 선택한 후 누락된 슬롯을 채운다.

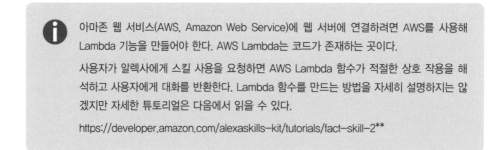

아마존 웹 서비스(AWS, Amazon Web Service)에 웹 서버에 연결하려면 AWS를 사용해
Lambda 기능을 만들어야 한다. AWS Lambda는 코드가 존재하는 곳이다.

사용자가 알렉사에게 스킬 사용을 요청하면 AWS Lambda 함수가 적절한 상호 작용을 해
석하고 사용자에게 대화를 반환한다. Lambda 함수를 만드는 방법을 자세히 설명하지는 않
겠지만 자세한 튜토리얼은 다음에서 읽을 수 있다.

https://developer.amazon.com/alexaskills-kit/tutorials/fact-skill-2**

11. 계정 연결을 설정하기 위한 정보 입력: 아마존 알렉사는 은행업, 소매업과 같이 로그인이 필요한 스킬을 지원한다. 이때에는 사용자가 스킬에 액세스할 때 확인해야 하는 계정 연결 세부 정보를 입력해야 한다.

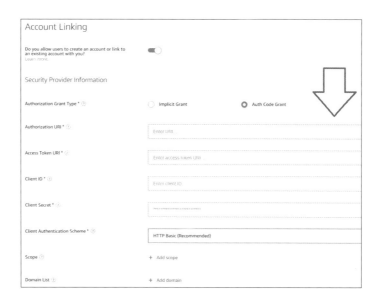

12. 사용 권한 요청: 권한 화면에서 사용자에게 장치 주소를 요청하고 스마트한 방법으로 위치 기반 서비스 정보를 제공할 수 있다. 주소를 알면 "가장 가까운 초밥집은 어디인가?" 또는 "새로운 샘플을 집으로 보내주시오"와 같은 문장에 위치 정보를 제공할 수 있다. 장치 주소는 항상 각 아마존 에코 장치에서 사용할 수 있는데 그 이유는 장치 설정 과정에서 정의되기 때문이다. 최근 아마존 알렉사는 교차 채널 상호 작용을 할 때 도움이 되도록 사용자의 전화번호를 요청할 수 있다.

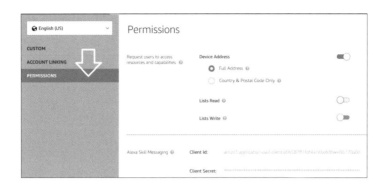

13. (거의) 완료: 이전에 언급한 네 가지 빌딩 블록을 상기하자. 지금까지 확인된 바로는 초기 설정 프로세스가 성공적으로 완료됐다는 것을 의미한다!

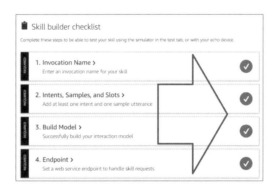

14. 테스트 시점: 아마존은 실제 알렉사 시뮬레이터에서 수동 JSON에 이르기까지 스킬을 지원하는 다양한 테스트 도구를 제공해 음성과 음색까지(어떻게 발음되는지 들을 수 있음) 확인할 수 있다. 시간을 내서 스킬을 테스트하고, 동작하는지 확인해야 한다. 엔드포인트가 정확하게 연결했는지, 의도와 샘플 발언이 의미가 통하는지 여부를 확인할 수 있다.

15. 알렉사는 베타 테스트 모드를 제공하고 있다. 이 모드를 사용하면 프로덕션 단계로 가기 전에 다른 테스터와 스킬을 공유할 수 있다. 초대장은 이메일로 전송되고(항상!) 특정 에코 장치에 다른 테스터를 연결하는 데 이메일 주소가 필요하다.

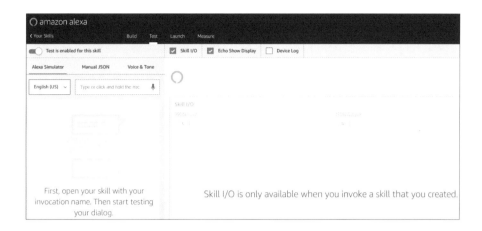

First, open your skill with your invocation name. Then start testing your dialog.

Skill I/O is only available when you invoke a skill that you created.

16. **스킬에 대한 추가 정보 제공:** 스킬이 공개되면 이 페이지의 추가 정보가 검색 및 사용법으로 사용될 것이다. 단, 설명과 다양한 사이즈의 아이콘을 표시하고 스킬을 활성화한 후에 사용 방법을 알려주는 몇 가지 예제를 제공해야 한다.

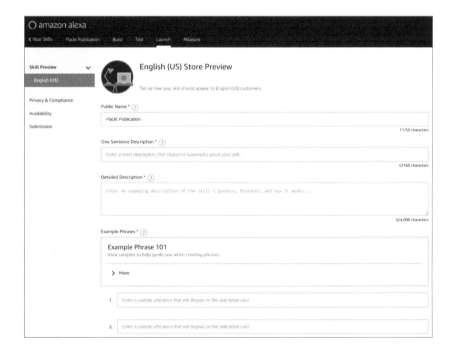

17. 이 정보는 익스피디어 페이지 사례에서 볼 수 있는데 알렉사 앱의 스킬 페이지에 나타난다.

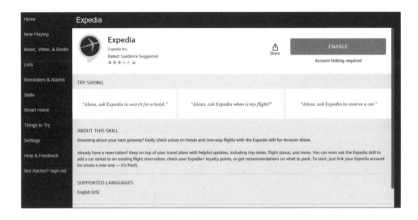

18. 제출하기 전 체크리스트 확인: 아마존 알렉사는 처리해야 할 많은 단계가 있다는 것을 알고 스킬을 제출하기 전에 수정이 필요한 누락 정보와 오류 리스트를 제공한다. 신중하게 검토하고 수정해야 페이지를 최신 상태로 유지할 수 있다.

19. **제출:** 검토를 위해 기술을 제출할 준비가 됐다.

20. 아마존 알렉사 팀은 제출 후 스킬을 검토하고 제대로 동작하는지 확인한다. 검토 기간은 일주일(때로는 더 오래) 정도 소요되므로 인내심이 필요하다. 검토가 완료되면 변경이 필요한 모든 오류와 해결 방법을 담은 상세한 문서를 받는다(은행과 소매점 등과 같은 일부 카테고리의 제출 절차는 이와 다름).

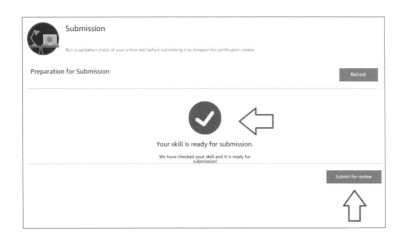

▌ 구글홈 액션 개발

구글은 구글홈 액션/구글 어시스턴트 애플리케이션을 개발하기 위한 개발자 도구를 제공한다. 구글 어시스턴트의 기본 NLU는 다이얼로그플로(api.ai였는데 2016년에 구글 인수)다.

이 튜토리얼에서는 대화형 애플리케이션을 만드는 데 사용할 수 있는 다이얼로그플로 도구를 중점적으로 설명한다.

1. **계정 생성/로그인:** 액션을 작성하려면 구글 액션에서 계정을 사용해야 한다. https://console.actions.google.com/을 방문해 구글 계정으로 로그인한다(필요하면 새로운 무료 계정 생성).

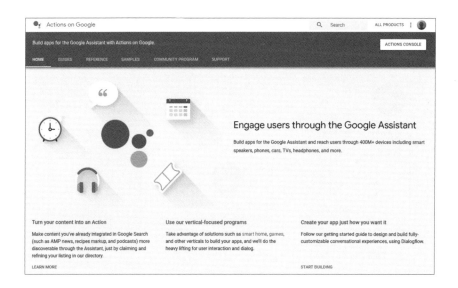

2. **프로젝트 추가/가져오기:** 새 프로젝트를 시작하거나 별도로 작성한 프로젝트를 가져오려면 큰 사각형 상자를 클릭한다.

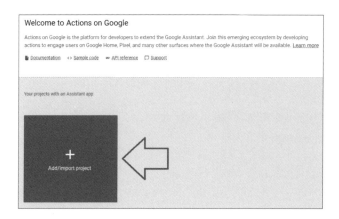

3. **프로젝트명 부여:** 프로젝트명을 정하고 위치를 결정해야 한다. 1개 이상의 프로젝트가 있으면 빌드하고 관리할 수 있는 프로젝트 갤러리를 갖게 된다. 프로젝트와 관련된 이름을 선택하면 후속 조치를 취할 수 있다. 완료되면 **CREATE PROJECT**를 클릭한다.

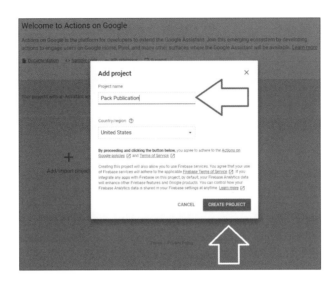

4. **개발할 액션 유형 선택:** 구글은 아마존 알렉사와 마찬가지로 홈 제어, 게임, 건강 등과 같은 특정 사례에 연결된 미리 작성된 행동/의도를 제공한다. 각 카테고리에는 이미 작성된 앱을 제공하며 특정 데이터만 추가하라는 메시지가 표시된다. 액션이 어떻게 개발되는지 이해하기 위해 다음을 살펴볼 것을 추천한다.

처음에 액션을 구축하는 경우에는 다음 그림과 같이 오른쪽 위 모서리에 있는 **SKIP**을 클릭해 다이얼로그플로 옵션으로 이동한다.

5. **호출명 선택**: SKIP을 클릭하면 액션의 홈페이지로 이동한다. 먼저 Decide how your Action is invoked를 클릭해 액션을 시작하는 데 사용할 특정 단어를 구성한다.

다음 예에서는 'Packt Publication'을 입력했다. 액션을 시작하려면 "Hey Google, talk to Packt Publication"이라고 얘기해야 한다.

드롭다운에서 액션을 표현할 수 있는 남성/여성 목소리 중 하나를 선택할 수 있다.

6. **액션 개발:** 이제 사람들이 액션을 요구하고 앱이 어떻게 반응하는지에 관한 비즈니스 로직을 개발할 차례다.

7. 구성이 끝나면 왼쪽 메뉴 BUILD 아래의 Actions을 클릭한 후(다음 그림 참조) ADD YOUR FIRST ACTION 버튼을 클릭한다.

8. 미리 만들어진/사용자 정의 의도를 선택할 수 있는 팝업 창이 나타난다. 원하는 것을 찾지 못하면 SKIP을 클릭한다. 이 데모에서는 SKIP을 클릭하고 다이얼로그플로를 사용한다.

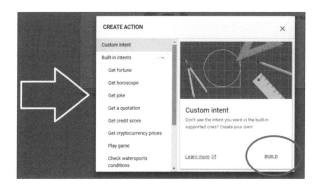

9. **액션 만들기**: 화면에서 프로젝트명을 좀 더 수정할 수 있다. 완료되면 **CREATE**를 클릭한다.

10. **대화 작성하기**: 앞에서 설명한 것처럼 CUI를 만들 때는 사용자 질문과 답변을 제공해야 한다. 프로세스를 시작하려면 **CREATE INTENT**를 클릭한 후 대화의 흐름을 작성하기 시작한다.

11. 의도에 명칭 부여: 대화의 방향을 정의하는 의도를 정의하는 이름을 입력한다. 이전 예제를 복사한 후 책 주문과 관련된 의도를 작성해 'OrderBooks'라고 명명했다.

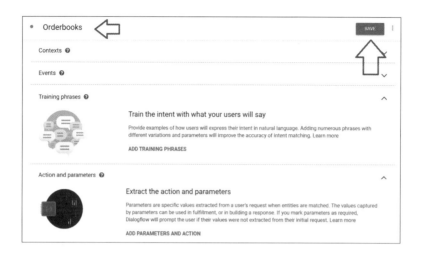

12. **'what the user says(사용자 발언)' 입력:** 의도와 관련될 수 있는 사용자 질문을 작성한다. 샘플을 많이 추가할수록 대화의 정확도가 높아지고 NLU가 올바른 답변을 제공할 수 있게 된다. 다음 예제에서는 두 문장만 추가했다. 적어도 15~30개의 다른 문장으로 시작하는 것이 좋다. 질문할 수 있는 다양한 표현과 옵션을 생각하자.

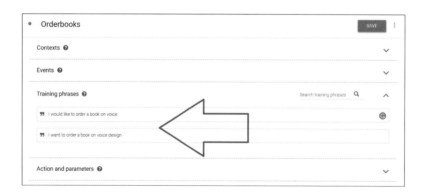

13. 응답하기: 알렉사의 예제와 같이 응답은 문장으로 하드코딩되거나 웹 서비스(API)에 연결해 사용자의 요청에 따라 동적이고 개인화된 대답을 제공할 수 있다. 다음 예제는 봇이 단조롭게 응답하지 않도록 하드코딩된 세 가지 답변을 제공했다. 만약 사용자가 봇에게 매일 똑같은 질문을 하면 로봇이 아닌 것처럼 보이기 위해 조금씩 다른 답변을 제공한다.

앞에서 언급했듯이 가능하다면 응답을 위해 웹 서비스를 사용하는 것이 좋다.

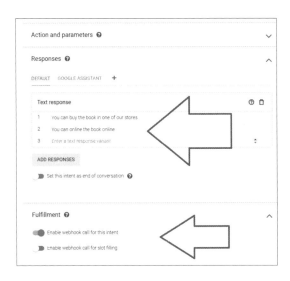

14. 통합: 다이얼로그플로로 CUI를 FB 메신저, Slack 등과 같은 여러 서비스와 통합할 수 있다. 구글홈에서 CUI를 사용하려면 다음 그림과 같이 가운데 위쪽의 큰 사각형을 클릭한다.

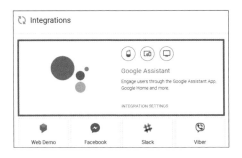

15. 추가 언어 지원: 구글홈 및 어시스턴트는 아마존 알렉사보다 많은 언어를 지원한다. 구글은 계속 새로운 언어를 추가로 지원한다. 다이얼로그플로는 영어(US, UK, GB, Canada), 독일어, 프랑스어, 일본어 및 한국어를 지원한다. 구글은 내년에 30개의 새로운 언어를 지원할 예정이다.

16. 앱 정보: 이 화면에서 해당하는 앱의 정보(발음, 설명, 이미지 등)를 제공한다. 앱 정보는 앱을 발견하는 데 중요하며 앱은 아마존보다 구글에서 잘 동작한다. 앱을 활성화하기 위해 특별한 설정 없이 구글홈에서 모든 앱에 접근할 수 있기 때문이다.

17. **앱 테스트:** 시뮬레이터에서 테스트하거나 대화를 통해 대화형 애플리케이션을 테스트할 수 있다. 좋은 테스트는 여러 샘플과 다양하게 변형된 의도를 포함하고 있다. 이 도구는 디버그 콘솔을 포함하고 있으므로 문제가 발생하면 문제 해결에 필요한 모든 정보를 제공한다.

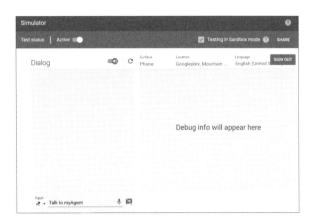

18. **출시하기:** 모든 단계를 완료한 후에는 검토를 위해 액션을 제출해야 한다. 구글 검토자는 아마존 알렉사 검토자보다 답변이 상대적으로 빠르며 애플리케이션을 실행하기 전에 해결해야 하는 문제 리스트를 받게 된다. 준비되면 SUBMIT FOR REVIEW를 클릭한다.

요약

이제 깨달았겠지만 음성 기반 애플리케이션을 구축하는 것은 비개발자와 개발자 모두에게 쉬운 일이 아니다. 아마존 개발자 콘솔과 구글 어시스턴트/홈 콘솔에서도 어렵다. 개발 도구는 개발자가 아닌 사람들을 위한 코딩과 프로그래밍이 필요하다. Storyline, PullString, Jovo와 같은 일부 신생 회사는 비개발자를 지원하기 위해 알렉사용 음성 애플리케이션을 구축할 수 있는 단순화된 도구를 제공하고 있다. 상태 머신을 사용해 지원할 수 있는 간단한 유스케이스를 작성하려는 경우, 상태 머신 구조를 참조할 것을 추천한다. 아직까지는 복잡한 유스케이스를 지원하는 시각적이고 단순한 인터페이스를 가진 도구가 거의 없다 (my company, Conversation.one 포함).

음성 UI/UX가 발전하고 있기 때문에 도구가 변화하고 발전하는 것은 당연하다. 가까운 장래에 구글과 아마존이 자체 개발 목적으로 사용하기 쉬운 도구(예: 아마존의 블루프린트)를 제공할 것이다. 이 두 회사가 개발 노력이 거의 필요 없는 도구로 어떻게 중소기업과 대기업을 유치하는지를 살펴보는 것도 흥미로운 일일 것이다.

5장, 'FB 메신저 챗봇 디자인'에서는 FB봇 디자인을 알아보고 사용 도구와 성취할 수 있는 경험을 제공한다.

참고 문헌

- https://en.wikipedia.org/wiki/Amazon_echo
- https://www.voicebot.ai/2018/03/22/amazon-alexaskill-count-surpasses-30000-us/
- http://www.visualcapitalist.com/smart-speakermarket-share/
- https://www.voicebot.ai/2018/02/12/google-smartspeaker-market-share-leader-2022-homepot-pass-20million-units/

- https://en.wikipedia.org/wiki/google_Home
- https://www.engadget.com/2018/02/13/applehomepot-review/
- http://www.trustedreviews.com/reviews/applehomepot
- Alexa Blueprints: https://blueprints.amazon.com/
- 아마존 알렉사 앱: https://alexa.amazon.com
- 구글의 api.ai 테크크런치 인수: http://techCrunch.co.kr/2016/09/19/google-acquires-api-ai-a-companyhelping-developers-build-bots-arent-awfulto-talk-to/
- 구글홈 더 많은 언어 지원 예정: https://techcrunch.com/2018/02/23/google-assistant-willsupport-over-30-languages-by-year-end-becomemultilingual/

05

FB 메신저 챗봇 디자인

챗봇과 보이스봇은 둘 다 CUI 범주에 속한다. 4장, '아마존 알렉사 및 구글홈 디자인'에서는 VUX와 인터페이스를 디자인하고 구축하는 방법을 설명했다. 그다음으로 FB 메신저 플랫폼에서 텍스트 기반 봇의 디자인을 다룬다. '메신저 플랫폼에서 9억 명과의 연결'을 가능하게 하는 약속과 '판매 및 고객 서비스 기능 제거'를 목표로 FB는 채팅 세계에서 혁신을 추진하고 있다. 사실 FB는 'F8 2018 컨퍼런스'를 통해 플랫폼에서 동작하는 30여 만 개의 봇(https://venturebeat.com/2018/05/01/facebokk-messenger-passes-300000-bots/)에서 매일 80억 개 이상의 메시지가 전송된다는 사실을 공개했다. 이는 2017년 대비 4배에 해당한다.

약 20만 명의 개발자가 FB 메신저 플랫폼으로 봇을 사용하고 있는데 개발자 수가 계속 증가하고 있다. FB는 메신저 플랫폼에 중점을 두고 있으며 메뉴, 버튼, 카드 및 리치 미디어 등과 같은 기능을 플랫폼에 계속 추가해 개발자를 끌어들이고 있다.

5장에서는 FB 메신저 플랫폼의 구조와 장단점에 대해 논의한다. 또한 내부 도구를 사용해 FB를 작성하는 방법에 대한 튜토리얼을 다루고 개발자가 시장에서 흔히 사용하는 다른 도구에 대해서도 논의한다.

▌ FB 메신저 스택

1장, 'CUI가 미래다'에서 보이스봇의 음성 인식에 초점을 둔 대화형 애플리케이션의 빌딩 블록(FB 메신저 유스케이스와는 관련이 적음)과 사용자의 의도를 이해하는 강력한 NLU 컴포넌트에 대한 요구 사항을 간략히 설명했다. 앞서 정의한 대로 NLU는 독해를 위한 작업을 수행한다. 컴퓨터는 텍스트를 읽고 사용자의 의도를 파악하고자 한다.

FB는 이 기능을 구현하기 위해 2015년에 음성 인식 및 NLP 서비스인 Wit.ai를 인수했다. 원래 목표는 Wit.ai의 음성 인식 기능과 음성 인터페이스 API를 이용하는 것이었지만 FB 메신저의 NLU 엔진이 됨으로써 메신저 플랫폼 내의 봇의 이해 수준을 향상시켰다.

▌ Wit.ai로 FB 메신저봇 구축

이 예에서는 사용자에게 책을 주문하는 방법을 제공한다. 4장, '아마존 알렉사 및 구글홈 디자인'의 음성 지원 장치에서 수행한 프로세스와 매우 비슷하고 NLU와 이행 요소도 포함돼 있다. 이는 다음과 같이 확인할 수 있다.

- 사용자. "음성 및 채팅 디자인에 관한 책은 어디서 주문해야 하는가?"
- FB 메신저봇: "온라인 또는 매장에서 구입할 수 있다."

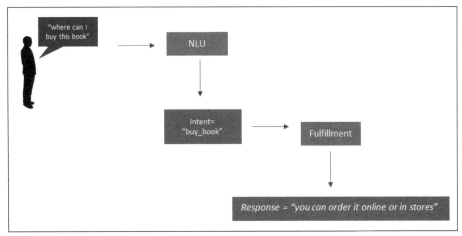

그림 1: FB 메신저의 대화형 흐름

흐름에 대한 좀 더 상세한 설명은 4장, '아마존 알렉사 및 구글홈 디자인'을 참조하라.

튜토리얼

다음 튜토리얼은 Wit.ai 플랫폼을 기반으로 작성됐다. Wit.ai은 비개발자와 봇 빌더에게 덜 친숙한 플랫폼이지만 현재 FB가 제공하는 내장형 솔루션이다. 시장에서 사용할 수 있는 다른 솔루션에 대해서는 5장의 뒷부분에서 알아본다. 시작하자!

1. **Wit.ai 계정에 로그인:** FB 로그인 또는 깃허브^{GitHub} 로그인을 사용해 Wit.ai 계정에 로그인한다. Wit.ai는 FB의 모바일 애플리케이션, 홈 오토메이션 웨어러블 및 로봇 솔루션을 지원하는 NLU다. 이 튜토리얼에서는 봇의 구축에 중점을 둔다.

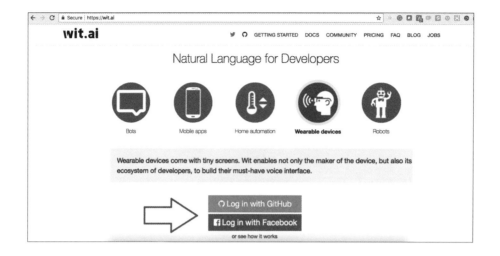

2. **봇 만들기 시작**: Wit.ai 서비스의 메신저 플랫폼 여정은 문장과 질문에 답하고 관련된 의도에 연결해 봇을 훈련하는 것부터 시작한다. 가장 먼저 사용자가 물어볼 질문을 입력해야 한다. 이 예에서는 "봇 디자인에 관한 책은 어디서 구입할 수 있는가?"를 선택했다. 그다음에 이 질문에 대응하는 의도를 만들어야 한다. 질문에 대한 의도는 buy_book으로 명명했다. 이 단계는 Validate를 클릭해 완료해야 한다. 문장에 점점 더 많은 '사례'를 추가하고 봇의 이해 수준을 높이고 동일한 프로세스를 실행해 사례와 연관된 의도에 연결한다.

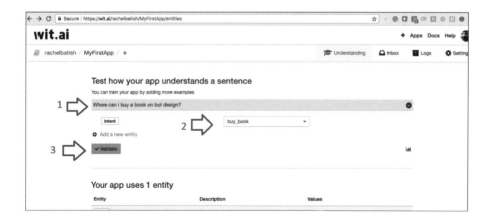

3. **작성한 예제 리스트 확인:** 봇에 내장된 예제 리스트를 보려면 Intents를 클릭해야 한다. 하나의 의도에 여러 가지 정확도 수준을 지원하는 사례가 표시된다.

4. **의도 테스트:** 이제 Wit.ai API를 통해 봇을 테스트할 수 있다. Setting 탭으로 이동해 "Where do I buy a Book on chat design?"을 예제로 입력한 후 cURL 박스를 클릭해 url을 클립보드로 복사한다.

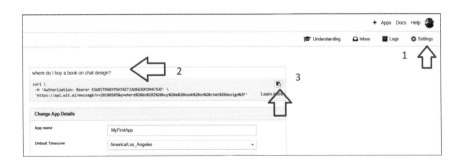

요청이 관련된 의도에 매핑돼 있는지 확인하기 위해 터미널에 'cURL'을 입력한다. 요청이 의도(buy_book)에 올바르게 매핑된 것을 확인할 수 있다.

5. **봇 훈련 지속하기**: 받은 편지함 탭으로 이동해 API를 테스트할 때 시도한 모든 예를 확인한다. 다음 예에서 "Where do I buy a Book on chat design?"이 NLU 엔진에 의해 올바르게 포착된 것을 알수 있다.

잘못 대응된 의도를 새로 만든 후 다시 매핑할 수 있다. 다음 예제에서는 사용자가 어디에서 커피를 살 수 있는지 물었다. NLU 엔진은 buy_book 의도에 질문을 매핑했다 (다음 그림 참조).

지금부터는 누군가 커피를 요청하면 시스템은 요청을 확인하고 적절한 장소를 매핑할 수 있다. Setting 탭으로 돌아가 커피 주문과 관련된 새로운 예제를 입력한 후 다시 테스트할 수 있다.

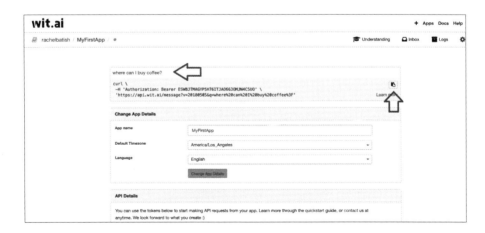

이제, 터미널에 cURL을 붙여넣는 과정을 반복한다. 다음 그림에서 NLU가 새로운
buy_coffee 의도에 "where can I buy coffee?"라는 질문을 매핑할 수 있다는 것을
알 수 있다.

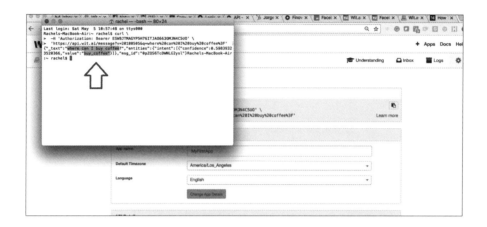

모든 항목을 다시 매핑하면 받은 편지함이 비워지는 것을 볼 수 있다.

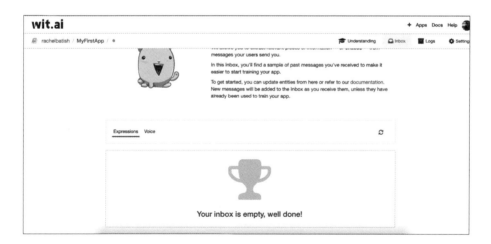

6. **응답의 구성:** 이제 봇은 책과 커피를 사는 방법의 차이점을 이해할 수 있으므로 다음 단계에서는 질문을 비즈니스 로직에 연결하고 다른 질문에 대한 답을 제공해야 한다. Wit.ai는 비즈니스 로직와 봇에 다양한 클라이언트를 연결하는 방법을 제공한다.

- Node.js 클라이언트(https://github.com/wit-ai/node-wit)
- Python 클라이언트(https://github.com/wit-ai/pywit)
- Ruby 클라이언트(https://github.com/wit-ai/wit-ruby)

7. **봇과 FB 메신저 플랫폼 통합:** FB 메신저봇을 구축하는 마지막 단계는 봇과 메신저 플랫폼을 연결한 후 사람을 대신해 봇이 질문에 답변할 것을 알려주는 것이다. FB 페이지와 앱을 연결하고 NLU를 활성화한 후 앱의 '메신저 설정' 페이지에서 봇을 호출한다. 앱의 '메신저 설정' 페이지로 이동해 '빌트인 NLP'에 필요한 구독 페이지를 선택한다.

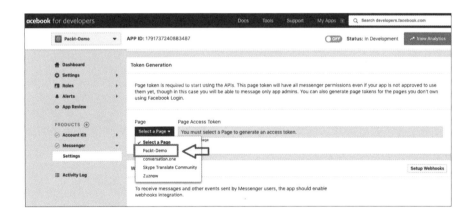

마지막으로, 구성된 콜백 URL과 Wit Server 액세스 토큰을 추가(봇의 Setting 탭에 있음)한 후 비즈니스 로직을 가져오고 설정을 저장한다.

드디어 봇이 고객에게 응답할 준비가 됐다!

▌ FB 메신저봇의 과제와 성과

Wit.ai 플랫폼은 기업들이 고객과 소통하고 서비스를 자동으로 제공할 수 있는 초기 봇을 구축할 수 있는 도구를 제공한다. 앞서 논의했던 다른 솔루션과 마찬가지로 상호 작용이 복잡해지면 솔루션에는 매우 제한적이고 무거운 프로그래밍이 필요하다.

다양한 스택을 통합하고 연결하는 것은 쉽지 않은 일이므로 개발하기 전에 많은 고민이 필요하다. 받은 편지함 패널을 사용해 사용자의 요청에서 배울 만한 가치가 있지만 문제는 대개 시스템을 통해 실행 중인 수만 개의 요청이 있을 때 발생한다. 이때 수동 탐지 및 재매핑은 거의 불가능하다.

사실, FB는 자동화된 봇의 상호 작용에서 70%가 실패한다고 알려졌다. 실패한 대화는 엔드 유저가 원하는 것을 얻지 못했다는 것을 의미한다. NLU 기능 개선은 다소 큰 작업이지만 FB는 메뉴와 카드를 포함하는 GUI를 더 제공해 상황을 정리하기로 결정했다. 봇이 달성하고자 했던 인간-인간의 상호 작용 모델에서 출발한 FB봇 경험은 봇과 '대화'하는 대신, 엔드 유저에게 사전에 정의된 메뉴에서 선택하도록 하는 전통적인 그래픽 웹 체험으로 되돌아가게 한다.

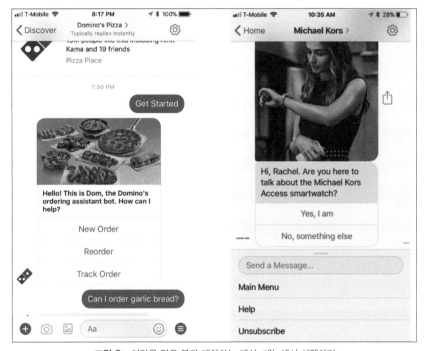

그림 2: 인간을 닮은 봇과 대화하는 대신, 메뉴에서 선택하기

봇과 웹의 차이는 무엇일까? FB에서 설정한 봇의 수준이 낮아 CUI 상호 작용에 대한 기대치를 낮게 했다. 봇 개발 업계에서 가장 큰 플랫폼인 FB는 봇을 만드는 방식에 부정적인 영향을 미쳤다. 복잡하지 않은 NLU 개발과 이해 수준을 요구하면서 봇을 좀 더 쉽게 구축할 수 있게 만들었기 때문이다. 그러나 이 개발 방식은 웹 서핑을 하는 수준의 경험을 제공하게 됐고, 결국 봇 자체에 대한 회의감이 들게 만들었다.

▌FB 메신저봇 개발용 기타 도구

FB 메신저봇을 만드는 데 있어 FB 도구는 최적이 아니다. 개발 기술이 거의 필요 없는 빠른 봇 개발 프로세스에 대한 필요성이 증가하면서 많은 스타트업이 시각적 솔루션을 개발했다. 이 솔루션들은 대부분 NLU를 지원하지 않으며 FB가 장려하는 메뉴 기반의 UI 및 UX를 따른다.

FB 메신저용 봇 개발 도구를 제공하는 플랫폼은 다음과 같다.

- Chatfuel – https://chatfuel.com/
- Flow XO – https://flowxo.com/
- Botsify – https://botsify.com/
- Conversation.one – https://conversation.one

▌요약

FB 메신저 플랫폼은 개발자와 기업에게 사용자와 의사소통하게 하고 자동화된 고객 지원과 서비스를 늘릴 수 있는 많은 기회(사용자가 새로운 기술과 솔루션에 익숙해지지 않아도 되는 기존 통신 환경을 활용)를 제공한다. 설사 그렇더라도 FB가 제공하고 있는 개발 도구는 좀 더 성숙하고 견고해지고 가까운 시일 안에 Wit.ai와 FB 메신저 플랫폼이 통합되기를 기대한다. FB가 사용하기 쉬운 도구를 제공하지 못하자, 일부 스타트업이 비개발자도 상용할 수 있는 미적으로 만족스럽고 사용자 친화적인 인터페이스를 제공하게 됐다.

FB 메신저는 위대한 비전과 사명감을 갖고 시작했지만 FB 메신저가 진화된 대화형 환경을 제공하지 못하면서 산업을 메뉴 및 사전에 만들어진 선택에 의해 제어되는 고전적인 웹 GUI로 되돌아가게 했다.

업계 리더로서 미래를 형성하는 FB의 역할은 중요하며 머신과 인간 간의 진정한 대화 경험을 만들기 위해 플랫폼의 NLU 기능에 더 중점을 두기 바란다.

6장, '상황 인지 디자인 - 봇을 더 인간답게 만들 수 있는가?'에서는 상황에 적합한 디자인, 채팅 또는 음성을 통해 봇을 좀 더 인간답게(단순히 일방적인 명령과 여러 단계에서 상호 작용하는 방법) 만들 수 있을지에 대해 다룬다.

▌ 참고 문헌

- https://venturebeat.com/2018/05/01/facebook-messenger-passes-300000-bots/
- http://www.businessofapps.com/data/facebook-statistics/
- https://venturebeat.com/2016/09/04/facebook-sseth-rosenberg-on-bots-business-and-the-futureof-messenger/
- https://mashable.com/2015/01/05/facebook-buys-wit-ai/#hAod20CoQiq4
- https://techcrunch.com/2017/07/27/wit-ai-isshutting-down-bot-engine-as-facebook-rolls-nlpinto-its-updated-messenger-platform/
- Wit.ai 튜토리얼: https://wit.ai/
- 개발자를 위한 FB: https://developers.facebook.com

06

상황 인지 디자인 - 봇을 더 인간답게 만들 수 있는가?

채팅이든 음성이든 봇과의 상호 작용은 여전히 사용자의 요청과 요청에 대한 봇의 반응을 기반으로 한다. 앞에서 이미 상황에 맞는 대화를 만들고 구축하는 문제를 제기했지만 6장에서는 상황별 디자인과 구성 요소에 대한 완전한 의미를 파악하고 상황별 대화를 만드는 방법에 대한 몇 가지 조언을 제공한다.

▌ 상황에 맞는 대화 또는 상황에 맞는 디자인?

상황별 대화를 만드는 방법을 이해하려면 사전적 정의에서 시작해야 한다. '대화'(5장, 'FB 메신저 챗봇 디자인' 참조)의 정의와 'Conetxt(상황)', 'Contextual(상황에 맞는, 컨텍스트에 맞는)' 단어를 살펴본다.

대화: 둘 이상의 사람이 대화식으로 의사소통하는 것이다. 회화 기술과 에티켓 개발은 사회화에서 중요한 부분이다. 새로운 언어로 대화 기술을 개발하는 것은 언어 교육과 학습의 빈번한 목표다(https://en.wikipedia.org/wiki/Conversation).

컨텍스트(상황): 사건, 진술 또는 아이디어에 대한 설정을 형성하고 완전히 이해할 수 있는 상황(옥스포드 사전)

상황에 맞음(In conext): 주위의 단어 또는 상황을 함께 고려(옥스포드 사전)

상황을 벗어남(Out of context): 주변 단어나 상황이 없어 완전히 이해할 수 없음(옥스포드 사전)

상황에 맞는(Contextual): 사건, 설명, 아이디어를 설정하는 상황에 달린(옥스포드 사전) 또는 의미를 명확하게 하기 위해 텍스트의 앞뒤 부분에 달려 있는(옥스포드 사전)

앞의 정의에서 '상황별 대화가 특정 상황에서 만들어진 사람들 간의 대화 또는 의사소통'으로 요약할 수 있다. 이때 대화가 따로따로 제시되면 완벽하게 이해할 수 없게 된다. 상황에 맞는 대화를 디자인할 때는 다른 메시지를 이해하거나 명확하게 설명하는 데 도움이 되는 설명, 이벤트 또는 아이디어에 근거해야 할 필요가 있다.

인간의 두뇌는 다양한 유형의 메시지와 수준이 다른 메시지를 이해할 수 있다. 우리는 어려서부터 명령과 요청을 이해하는 방법을 배우고 성장하면서 나중에는 일부분의 정보로 특정한 상황을 이해하고 결론도 내릴 수 있다.

또한 시간이 지나면서 암묵적인 문장에서 명확하고 중요하게 이해하는 방법을 배우게 된다. 이전에 얻은 정보를 바탕으로 데이터를 추출하거나 이해할 수 있고 여러 상황에서 발생할 수 있는 잠재적인 결과를 예측할 수 있게 된다.

상황에 맞는 대화를 할 수 있다는 것은 인간과 자동화된 봇 사이에서 생각할 수 있는 주요한 차별화 요소 중 하나다. 봇이 상황에 맞는 대화를 하는 것은 가능하겠지만 달성하기는 힘들다. 봇 도메인의 적용 범위를 확장하는 데는 미리 구성해야만 하는 상황(컨텍스트)이 수없이 많다. 이 문제를 해결하는 데에는 AI, ML, DL과 같은 기술이 큰 역할을 한다는 것을 알게 된다.

▍ 상황에 맞는 대화 구성: 인간과 봇

가능한 몇 가지 대화의 예를 살펴보고 인간으로서의 상호 작용과 봇을 위해 구축한 상호 작용을 비교해보자. 상황별 대화를 디지털화하는 방법을 시연하기 위해 다음과 같은 세 가지 시나리오를 선택했다.

- 인간 에이전트와 고객의 대화(전화)
- 온라인(웹 사이트) 셀프서비스 조사
- 챗봇/보이스봇의 상호 작용

선택한 대화의 배경은 디즈니랜드로 가족여행을 가기 위한 상황이다. 오늘날의 규정과 책임에 대한 우려 때문에 많은 인간 상담원(고객 서비스 스태프, 고객 지원 콜센터)과의 상호 작용은 스크립트에 따라 진행돼 봇과 대화하는 것처럼 느껴진다.

다음 예에서는 인간 상담원에게 고객과의 상호 작용에 몇 가지 상황적 요소를 포함하는 자동화된 솔루션을 적용하고 완전한 대화를 이끌어내기 위해 운신할 수 있는 공간을 부여했다.

시나리오 1: 디즈니랜드 여행 검색: 인간-인간의 상호 작용

이는 여행 상담원과 고객 사이의 전화 통화다. 고객이 담당자와 직접 만나는지, 전화/이메일로 대화하는지는 큰 차이점이 있겠지만 웹/봇 상호 작용과 최대한 비슷한 사례를 만들기 위해 전화를 선택했다.

하위 시나리오 분석:

- 여행 상담원은 고객과 익명화된 상호 작용을 모른다.
- 여행 상담원은 고객과 고객의 가족에 대한 세부 정보를 알고 있기 때문에 더 많은 추측을 할 수 있게 돼 개인화된 대화를 할 수 있게 된다.

시나리오 1a – 익명화된 상호 작용

고객: 안녕하세요, 저는 로라입니다. 디즈니랜드 여행사입니까?

담당자: 안녕하세요 로라, Disneyland Travel Agency가 맞습니다. 저는 나딘입니다. 오늘 당신을 돕게 돼 기쁩니다. 당신의 디즈니랜드 여행을 마법처럼 만들어 드리겠습니다. 언제 여행할 계획이십니까? 며칠 동안 머물 예정입니까? 우리는 환상적인 일주일 짜리 패키지를 준비해놓고 있습니다.

고객: 우리는 5인 가족인데 3일간의 패키지 여행을 하고 싶습니다.

담당자: 알겠습니다. 부모님과 자녀 3명, 3일짜리 패키지를 준비하겠습니다. 그리고 휴가는 언제로 계획하고 있습니까?

고객: 6월입니다.

담당자: 좋습니다. 몇 가지 옵션이 있는데 어떤 것이 가장 좋은지 알려주십시오.

시나리오 1b – 개인화된 상호 작용

고객: 안녕하세요. 나딘, 로라예요. 잘 지내셨죠?

담당자: 로라! 잘 지내셨죠? 벌써 1년이 지났네요! 아이들은 어떻게 지내고 있나요? 올해도 디즈니 여행 때문에 마음이 설레나요? 올해도 6월에 휴가를 가는 거죠?

고객: 예, 시간이 너무 빠르군요. 벌써 6월이네요. 우리 가족을 위한 새로운 패키지가 있나요?

담당자: 물론 있죠. 올해 우리가 준비한 '일주일간의 마법 패키지'가 어떤 것인지 살펴보겠습니다. 아이들의 나이에 맞는 몇 가지 특별한 패키지가 있네요. 어떤 것이 가장 좋은지 알려주세요.

시나리오 2a – 익명의 웹 탐색

여행 웹 검색에는 수년간 큰 진전이 있었고 날짜, 위치, 가격대에서 큰 유연성을 제공한다. 선택할 수 있는 다양한 옵션이 있고 이를 최상의 결과를 찾는 데 사용할 수 있다. 다음과 같은 방식으로 진행한다.

1. 고객이 웹상의 검색 엔진을 사용해 the-disneyland-travel-agency.magic.com에 접속한다.

2. 검색 창을 사용해 날짜, 인원 등에 따라 가장 관련성이 높은 결과를 얻기 위해 일부 추가 기능 구성을 사용한다.

3. 고객의 결과 보기 설정(가격순, 인기순 등)에 따라 결과가 나타난다.

4. 고객은 현재의 검색에서 최상의 조건과 추가 서비스를 제공받을 수 있다.

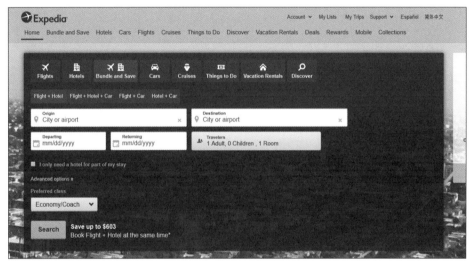

그림 1: 최적화된 결과를 검색하는 데 필요한 검색 조건이 포함된 일반적인 여행 검색 창(www.expedia.com)

시나리오 2b - 개인화된 맞춤 웹 탐색

1. 고객은 the-disneylandtravel-agency.magic.com에 로그인한다.

2. 선호도는 웹 사이트에 기록돼 있으므로 최근의 구입 또는 검색 기록을 바탕으로 몇 가지 맞춤형 추천이 제공된다. 또한 마지막 방문에서 완료하지 못한 검색을 계속할 수 있는 옵션도 제공된다.

3. 검색을 계속하거나 새롭게 날짜, 인원수를 입력(경우에 따라 일부 추가 기능 구성)해 가장 적합한 결과를 얻을 수 있다.

4. 매우 많은 수의 결과가 고객의 결과 보기 설정(가격순, 인기순 등)에 따라 표시된다.

5. 고객은 계정과 프로파일 세부 사항을 기반으로 최상의 거래/추가 서비스/특별한 대우를 제공받는다.

 웹 쿠키를 사용하면 익명 사용자에게도 개인화된 콘텐츠를 제공할 수 있으므로 개인화를 위해 반드시 로그인할 필요는 없다.

시나리오 3a – 익명의 봇과의 상호 작용

봇: 안녕하세요. 디즈니랜드 여행봇입니다. 무엇을 도와드릴까요?

고객: 디즈니랜드 여행을 예약하고 싶어요.

봇: 물론, 도와드릴 수 있어요. 몇 가지 세부 사항을 알려주시면 됩니다. 언제 여행할 계획인가요?

고객: 6월이에요.

봇: 성인은 몇 명인가요?

고객: 2명이요.

Bot: 어린이는 몇명인가요?

고객: 3명이요.

Bot: 1일, 3일, 1주짜리 패키지가 있습니다.

고객: 3일 패키지요.

Bot: 다음과 같은 세 가지 옵션이 있습니다. 1) XXX 2) XXX 3) XXX

고객: 3번으로 할게요.

봇은 주문을 완료하거나 상담원에게 넘긴다.

시나리오 3b – 개인화된 봇과의 상호 작용

봇: 안녕하세요, 디즈니랜드 여행봇입니다. 무엇을 도와드릴까요?

고객: 디즈니랜드 여행을 예약하고 싶어요.

봇: 디즈니랜드 여행에 대한 이전 주문을 완료하시겠습니까?

고객: 아니요. 새롭게 예약할게요.

봇: 그렇게 할게요. 언제 여행할 계획인가요?

고객: 6월이에요.

봇: 성인은 몇명인가요?

고객: 2명이요.

봇: 어린이는 몇명인가요?

고객: 3명이요.

봇: 1일, 3일, 1주짜리 패키지가 있습니다.

고객: 3일 패키지요.

봇: 다음과 같은 세 가지 옵션이 있습니다. 1) XXX 2) XXX 3) XXX

고객: 3번으로 할게요.

** 봇은 주문을 완료하거나 상담원에게 넘긴다. **

 여기서도 익명의 사용자에게 웹 쿠키를 사용해 개인화된 콘텐츠를 제공할 수 있으므로 개인화를 위해 반드시 로그인할 필요는 없다.

앞의 예에서는 개인화된 상호 작용 대 익명화된 상호 작용을 3개의 채널에서 테스트했다.

- 인간-인간
- 인간-웹
- 인간-봇

다음 표는 현재 제공되고 있는 서비스의 장단점을 포함하고 있다.

	인간–인간	인간–웹	인간–로봇
가용성	낮음–중간: 영업 시간/영업 시간 외는 서비스와 상담원 수에 달려 있음	높음: 24/7	높음: 24/7
확장성	낮음–중간: 상담원 수에 달려 있음	높음: 병렬로 많은 고객에게 서비스 가능	높음: 병렬로 많은 고객에게 서비스 가능
대화형	높음: 상담원은 암시적/명시적으로 응대	없음–낮음: 구조적이고 매우 암묵적	중간–높음: 봇의 성숙도. 대부분 의사 결정 트리 모델 기반으로 구조화
상황에 맞음	중간–높음: 상담원에 달려 있음	낮음–중간: 주어진 변수와 쿠키/계좌 정보	낮음: 대부분 봇이 상황에 맞지 않지만 쿠키/계좌 정보를 사용해 상위 수준 도달 가능
참여 수준	중간–높음: 상담원에 달려 있음	중간: 개인 데이터를 기반으로 추가 서비스를 생성하는 시도와 역량	중간–높음:
복잡도 수준	높음: 대부분/모든 유스케이스 처리 가능	중간: 유스케이스와 옵션의 범위에 따라 다름. 대비책은 인간 상담원에게 있음.	낮음–중간: 유스케이스와 옵션의 범위에 따라 다름 복잡한 시나리오 대부분은 처리되지 않음. 대비책은 웹 사이트/인간 상담원에게 있음.
관점	높음: 상담원은 고객 요구에 상호 작용으로 응답	중간: 웹 검색은 '데이터 과잉' 노출 상황을 초래할 수 있음. 모든 정보를 탐색하는 것은 어려움	중간–높음: 봇은 상담원처럼 행동하고 고객 요청에 직접 대응. 검색/조치 주변의 '노이즈' 감소에 도움
비용	높음: 응답에 필요한 상담원 수에 따라 증가	낮음: 서버/개발자/디자이너	낮음: 서버/개발자/봇 디자이너 (인간 상담원 대비 10~15배 적음)
고객 만족도	중간–높음	중간–높음	낮음

앞의 표에서 디지털화된 솔루션 대비 인간-인간의 상호 작용의 장점은 규모, 가용성 및 비용이라는 것을 알 수 있다. 그러나 상황에 맞는 대화를 하게 하는 측면에서 웹과 봇은 여전히 매우 제한적이다. 오늘날 기능적으로 복잡한 일에는 인간-인간의 상호 작용을 사용하고 웹과 봇 상호 작용은 보다 간단하고 빠른 커뮤니케이션 사례에서만 의미가 있다.

현재는 웹이 봇보다 훨씬 성숙돼 있으므로 기업과 고객이 훨씬 더 신뢰한다.

온라인 셀프서비스 업무는 인간-인간의 상호 작용을 대체했고 다음 단계는 보이스봇, 챗봇 등과 같은 대화형 솔루션이 웹을 대체해 정보를 검색할 이유를 끝임없이 제거한다. 어쨌든 봇을 사용할 때 마치 인간 상담원과 대화하는 것처럼 집중된 접근 방식을 만든다.

▌ 봇이 웹 검색 또는 인간의 상호 작용보다 좋은 점은?

앞의 설명처럼 온라인 셀프서비스 기능은 사용자에게 24/7 동안 유연하고 확장성 있게 상호 작용할 수 있다. 그러나 인간에게 익숙한 '개인적인' 접촉과 '자연스러운' 상호 작용이 부족하며 정보와 데이터를 과다하게 공급한다. 이러한 엄청난 양의 데이터를 탐색하는 것은 어려우므로 데이터를 필터링해야 할 필요가 있다.

인간 상담원은 비용이 많이 들고 확장성이 없으므로 봇의 임무는 인간과 접촉하는 상호 작용을 제공하고 데이터를 선별해 올바른 방향으로 가게 하는 것이다. 현재 봇의 경험은 의사 결정 트리 모델에 기초를 두고 있지만 다소 부족해 실망할 수 있다. 다음 절에서는 저사양 봇과 높은 수준의 상황에 맞는 봇의 주요 차이점에 대해 설명한다.

대화형 구조

인간과의 대화는 체계화되지 않은 정보를 제공하고도 상대방이 요구 사항을 이해하고 관련된 조건을 사용해 최선의 방안을 제공할 것을 기대한다. 디즈니랜드 사례로 돌아가서, 구매를 완료하기 위해서는 다음 슬롯을 채워야 한다.

- 인원수
- 어른/어린이
- 기간
- 날짜

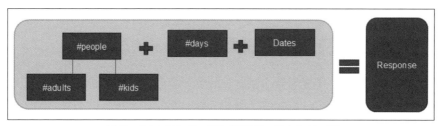

그림 2: 데이터 수집: 구조화된 대화와 구조화되지 않은 대화

인간-인간 간의 사례에서 고객은 다음과 같이 설명했다.

"우리는 5인 가족이며 3일짜리 패키지에 관심이 있다."

이 문장에서 상담원은 3개의 슬롯을 채울 수 있다.

- 인원수: 5명
- 성인: 2명, 어린이: 3명
- 기간: 3
- 누락된 데이터: 날짜

상담원은 다음에 이어지는 질문으로 모든 관련 슬롯을 채우고 고객에게 권장 사항을 제안할 수 있다.

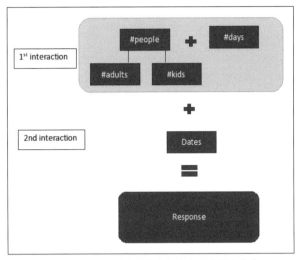

그림 3: 인간에 의한 데이터 수집: 누락된 항목 식별

인간 여행 상담원은 두 번의 상호 작용으로 모든 데이터를 수집하고 답변을 제공했다. 이를 의사 결정 트리에 기반을 둔 오늘날의 가장 일반적인 봇과의 상호 작용과 비교하면 봇은 각 슬롯에 대해 한 번에 하나의 정보만 수집할 수 있으므로 상호 작용은 다음과 같이 보인다.

우리는 5인 가족이며 3일짜리 패키지에 관심이 있다.

봇: 몇 명입니까?

고객: 5명이요.

봇: 어린이는 몇 명입니까?

고객: 3명이요.

봇: 성인은 몇 명입니까?

고객: 2명이요.

봇: 언제 여행할 계획인가요?

고객: 6월이요.

Bot: 디즈니랜드에서 며칠을 보내고 싶습니까?

고객: 3일이요.

봇: 찾으시는 모든 옵션은 다음과 같습니다.

봇은 리스트/웹 뷰를 제공하거나 상담원에게 연결한다.

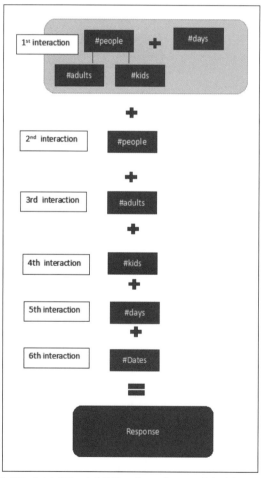

그림 4: 봇에 의한 데이터 수집: 의사 결정 트리 프로세스는 조악한 경험을 제공할 수 있음.

봇은 선택 리스트를 제공하거나 심지어 고객을 인간 상담원에게 연결하는 데에 6번의 상호 작용을 하게 했다. 많은 경우, 새로운 날짜로 변경하려면 전체 과정을 다시 진행해야 한다. 인간과 비슷한 적극적인 상호 작용을 위해서는 고객이 자유롭게 말하고 반응하도록 하고 봇이 누락된 데이터를 수집하는지 확인해야 한다.

이 경우, 고객은 우리는 5인 가족이며 3일짜리 패키지에 관심이 있다고 말한다.

봇은 이와 관련된 슬롯을 채울 수 있어야 한다.

- 인원수: 5명
- 성인: 2명, 어린이: 3명
- 기간: 3일

그런 다음 봇은 누락된 슬롯 정보인 날짜를 묻는다.

이러한 상호 작용을 프로그래밍하는 것은 어려운 일이므로 구조화되지 않은 입출력을 처리할 수 있는 NLU 엔진이 필요하다. NLU 엔진은 고객이 특정 슬롯에 맞는 데이터를 제공한다는 것을 이해해야 한다. 당연히 대화가 복잡해지고 구조화되지 않은 데이터가 시스템에 더 많이 공급될수록 자연스러운 흐름을 만드는 것이 어려워진다. 하지만 이러한 흐름이 고객과의 상호 작용을 보다 매력적이게 한다. 자연스러운 상호 작용만이 고객에게 끝이 없는 웹 검색을 이용하는 것 대신 봇을 사용하게 해준다.

이제 고객은 원하는 정보를 자유롭게 제시할 수 있게 되고 봇은 누락된 부분을 찾아내거나 구체적인 질문을 할 수 있게 된다. 이제 인간-인간 간 상호 작용과 동등하면서 확장성과 사용성은 최고 수준의 상황에 맞는 대화에 도달했다.

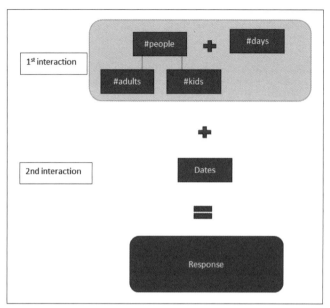

그림 5: 봇에 의한 데이터 수집: 자유로운 흐름을 가진 자동화된 상황에 맞는 대화

▌ 봇(지능형 어시스턴트)

챗봇/보이스봇의 과제 중 하나는 명시적/묵시적으로 수집할 수 있었던 조건을 매개로 고객에게 최상의 결과를 제공하는 것이다. 그렇다면 봇은 사용자에게 필요한 데이터를 선별해 제공할 수 있을까?

챗봇/보이스봇과 보다 인간적인 대화형 상호 작용을 시도하는 것은 고객이 웹 브라우징 환경에서 소비하는 막대한 양의 데이터를 선별할 수 있다는 것을 의미한다. 좋은 챗봇 경험은(보이스봇에서는 가능하지 않지만) 결과를 끊임없이 제공하지 않는다.

그렇다면 어떻게 500가지(또는 5,000가지) 조건을 필터링한 후 고객에게 가장 적합한 1~2개의 옵션을 제공할 수 있는가? 봇은 자동으로 구성된 질문에 대한 정보를 수집하고, 사용자에게 정확하고 구체적인 내용을 제안해야 한다. 즉, 봇은 지능형 어시스턴트가 돼야 한다. 사용자 의도에 대한 NLU의 적절한 이해 수준(암묵적 또는 명시적)이 확보돼야 사용자가 최선의 선택을 하고 의사 결정을 하는 데 도움을 줄 수 있다.

로보 어드바이저 사례와 봇 산업에 미치는 영향

금융업계는 2000년에 **로보 어드바이저** 개념을 도입했다. 로보 어드바이저는 사람을 대신해 수작업과 자동 반복 작업을 처리했다. 초기 로보 어드바이저는 금융업계의 자산 관리자들이 사용하던 컴퓨터 소프트웨어였다. 고객에게 재무 상황 및 미래 목표에 대한 정보를 수집해 자문해주거나 최종적으로 고객의 자산을 자동으로 투자하는 서비스를 제공했다. 대부분 자동화된 프로세스가 특정 조건에 따라 반응해 최상의 제안과 결정을 하도록 했다.

현대의 로보 어드바이저가 고객에게 서비스를 직접 제공하게 되면서 자산 관리자를 통해 투자할 필요가 없도록 투자 방식을 완전히 바꿔놓았다. 거의 대부분 하루 정도면 모든 사람이 자신의 자산을 혼자 처리할 수 있게 됐다.

오늘날에는 챗봇에서 로보 어드바이저의 인터페이스를 보는 것은 흔한 일이다. 지능형 어시스턴트는 특정 행동을 추천하고 고객을 위해 자동으로 결정을 내린다. 고객이 조건을 동적으로 변경해 특정 조치를 취하도록 유도할 수 있다.

채팅 인터페이스가 있는 로보 어드바이저는 비용이 적게 들고 24/7 내내 접근할 수 있고 최소한 인간 자산 관리자만큼의 성과를 내고 있다는 점에서 성공적이라 할 수 있다.

단순히 데이터를 수집하는 봇이 아니라 지능형 어시스턴트를 만든다는 개념은 봇의 복잡성과 인간-컴퓨터 간 상호 작용이 이뤄지는 단계다. 봇을 구축할 때 방대한 데이터를 수집, 분류, 분석하는 컴퓨팅 능력과 데이터를 기반으로 추론하고 현명한 결정을 하는 인간의 두뇌 능력을 결합할 수 있다면 봇을 '초인간'으로 만들 수 있다.

텍스트 및 토닝

앞에서 설명한 것처럼 봇의 목표는 인간-인간의 의사소통을 대체하는 것이다. 통신은 인간 수준에 바탕을 둬야 한다. 6장에서도 5장, 'FB 메신저 챗봇 디자인'과 마찬가지로 필수 조건을 살펴봤다.

7장, '개성 구축 - 봇을 인간답게 만들기'에서는 봇이 인간과 비교해 어떻게 행동하는지 다룬다. 봇은 어떤 종류의 '인간이 아닌' 것인가? 봇의 독특한 페르소나는 무엇이며 고객이 어떻게 신뢰하게 만들 수 있는가?

개성을 형성하기 전에 봇이 대화의 컨텍스트와 심리와 분위기를 어떻게 이해하도록 할 것인지 생각해야 한다. 고객의 감정은 어떤 상태인가? 행복한가? 화가 나 있는가? 텍스트와 음성으로 봤을 때 분위기는 어떠한가?

이를 감정 지능이라 한다. AI에 비해 덜 진보된 분야이지만 자동화 솔루션에 응답하고 상호 작용할 때 고객의 감정적 상태를 이해하고 싶은 기업에게는 매우 중요하다. 부정적인 상황을 헤쳐나가는 데 도움을 줄 수 있고 매출도 긍정적으로 높일 수 있다.

▌ 감정 지능 대 AI 기반 감정 지능

온라인 매거진 〈Psychology Today〉에 따르면 감정 지능은 자신의 감정과 다른 사람의 감정을 식별하고 관리할 수 있는 능력을 말한다. 이에는 세 가지 기술이 포함된다.

- **감정 인식**: 자신의 감정과 다른 사람의 감정을 이해
- **감정 연결**: 감정을 연결하고 작업에 적용하는 능력
- **감정 관리**: 자신의 감정을 조절하고 다른 사람을 격려하거나 진정시키는 능력

  (https://wwpsychologytoday.com/us/basics/emotional-intelligence)

AI 기반 감정 지능은 봇이 인간의 감정을 따라 행동하고 탐색하는 인간의 능력을 개발하려는 시도다. 봇은 이를 바탕으로 행복, 분노, 슬픔, 혐오, 두려움, 놀라움과 같은 감정 상태를 식별하고 탐지할 수 있다.

봇이 감정적인 상황을 감지하면 대화 중에 적절하게 반응한다. 오늘날의 AI 기반 감정 지능 봇은 다른 사람과 통신할 때 비디오 카메라를 사용해 얼굴 표정을 감지하는 기능을 포함하고 있다. 음성 분석은 사람이 분노하고 행복한지 여부를 파악하는 데 도움이 되지만 텍스트를 읽거나 사용자의 음성 반응을 통해서만 이뤄진다.

실제로 사용자가 답변할 수 있는 여러 가지 방법을 사전에 준비한다면 배울 수 있는 것이 많다. 봇의 계획된 비즈니스 로직에 다음 세 가지 주요 시나리오를 준비할 것을 권고한다.

- **긍정적 반응**: 사용자가 결과에 만족할 때
- **부정적 반응**: 사용자가 서비스에 만족하지 않을 때
- **트롤링**: 사용자가 봇을 '엉망'으로 만들려고 할 때

긍정적 반응

사용자의 긍정적 반응은 좋다. 사용자와의 상호 작용을 잘 관리해왔고 사용자가 만족했다는 것을 알 수 있다. 긍정적 반응을 활용해 추가 서비스를 제공하거나 적절하게 답변할 수 있다.

사례

고객: 좋습니다. 고맙습니다.

봇: 천만에요. 더 도와드릴 게 있나요?

또는

봇: 도와드릴 수 있어서 기쁩니다. 다른 도움이 필요하신가요?

사용자에게 긍정적 피드백을 받으면 이에 반응할 준비가 돼 있어야 한다. 사용자가 감사의 말을 전하는 모든 방법을 미리 생각해두고 대화를 긍정적으로 유지하기 위한 대안을 제공해야 한다.

거짓된 긍정 반응

텍스트에만 의존하는 것은 까다로울 수 있으므로 대화의 컨텍스트를 고려하는 것이 좋다. 고유한 음성 인식 능력 없이 빈정거림 또는 냉소적인 논평을 텍스트만으로 이해하는 것은 매우 어렵다. 이는 목소리에도 동일하게 적용된다.

다음은 동료에게 일어난 사례로, 상황이 잘못됐을 때다. 다소 간단한 문제에 봇이 적절하지 못하게 대응하자 동료는 서비스를 포기하고 다른 공급업체로 이전한다고 발표했다. 대화는 다음과 같이 진행됐다.

고객: 정말 고마워요. {다른 회사}로 이전하겠다는 결정을 내리는 데 정말 많은 도움이 됐어요.

봇: 천만에요! 더 도와드릴 게 있나요?

사람은 다음과 같은 몇 가지 변수 덕분에 동료의 의도를 훨씬 잘 이해할 수 있었을 것이다.

- 인간 상담원은 상황을 인식했을 것이다.
- 인간 상담원은 풍자를 이해했을 것이다.
- 인간 상담원은 회사의 경쟁자를 잘 알고 있었을 것이다.

이 회사가 부정적 피드백에 대해 좀 더 잘 준비했다면 이 특정 문장을 비교적 쉽게 발견해 즉시 인간 상담원에게 넘길 수 있었을 것이다.

부정적 반응

사용자의 부정적인 반응은 늦지 않게 식별하고 정확하게 분석하고 대응할 수 있게 하는 큰 자산이다. 긍정적인 피드백보다 부정적인 피드백을 준비하는 것이 더 중요하다고 말하고 싶다. 부정적인 반응은 봇의 반응에 불만족하다는 것을 의미하지만 현재 회사의 서비스에 전반적으로 만족하지 못한다는 것일 수도 있다.

다음은 두 시나리오를 모두 포함하고 있는 예제다.

고객: 아직 주문이 도착하지 않았어요.

봇: 주문 번호를 알려주세요.

고객: 제 주문 번호는 {xxxxx}입니다.

봇: 주문 번호를 찾을 수가 없네요. 더 도와드릴 게 있나요?

고객: 아직 주문이 도착하지 않았어요.

봇: 주문 번호를 알려주세요.

고객: 제 주문 번호는 {xxxxx}입니다.

봇: 주문 번호를 찾을 수가 없네요. 더 도와드릴 게 있나요?

고객: 당신은 나를 도와주고 있지 않네요!

봇: 당신을 도와줄 수가 없을 것 같네요. 다른 것을 더 도와드릴까요?

이 대화는 고객이 포기할 때까지 계속 진행될 수 있다. 이 단계에서 고객은 1) 배송을 받지 못했으며 2) 고객 지원을 받지 못했기 때문에 불만을 느낀다. 시스템은 고객과의 상호 작용이 부정적인 경험(도착하지 않은 주문)과 관련이 있고 고객의 정서적 상황에 보다 민감하다는 것을 먼저 감지해 상황을 더 잘 분석해야만 했다.

다음 단계로, 시스템은 봇이 (화난/실망한) 고객에게 답변을 제공할 수 없었고 봇이 고객을 인간 상담원에게 인도할 수 있는지, 고객의 연락처 상세 정보를 수집해 고객에게 전화할 수 있는지를 확인해야 한다. 이 시나리오에서는 거짓된 긍정 반응 시나리오와 마찬가지로 상황별 대화가 매우 중요하므로 상황별 대화가 없으면 비즈니스에 많은 피해를 줄 수 있다.

부정적 반응에 가능한 모든 시나리오를 포함하도록 의도를 작성해 올바르게 처리할 수 있도록 해야 한다. 최악의 상황에 대비해야 한다. 사람들은 종종 불행할 때 가혹한 말을 한다.

트롤링

어떤 이유에선지 사람들은 봇을 자주 트롤링하려고 한다. 이는 고의적이고 적극적으로 불쾌감을 유발한다는 의미다. 이것이 상대방이 봇이라는 것을 증명하기 위한 것인지, 봇이 똑똑하지 않다는 것을 입증하는 것인지는 중요하지 않다. 약간의 노력이 필요하겠지만 트롤링에 대비하는 것이 봇에 대한 사용자의 신뢰와 열정을 되살린다고 생각한다.

사례 1

사용자: 당신은 봇인가요?

봇: 예. 맞아요.

사용자: 넌 멍청해.

봇: 나는 실제로 꽤 똑똑해요. 당신은 어때요?

사람들이 봇인지 여부를 확인하려고 할 때 다음의 몇 가지 일반적인 질문을 할 수 있다.

사례 2

사용자: 5 + 5는 얼마입니까?

봇: 물론 10이지만 수학은 제 전문 분야가 아니에요. {봇이 도움을 줄 수 있는 서비스}를 도와드릴까요?

계산할 수 있는 간단한 기능과 정교한 코멘트를 사용하면 사용자의 신뢰를 되찾아 긍정적 상호 작용으로 되돌릴 수 있다.

사람들의 질문에 대한 통찰력을 제공하는 분석 솔루션을 사용하는 경우, 해당 솔루션을 활용하면 사람들이 어떻게 봇을 칭찬하고 곤란하게 하고 질문하는지를 배울 수 있다. 감정을 이해하는 것은 인간에게도 매우 어려운 일이며 컴퓨터에게는 더욱 어렵다. 그러나 대화를 모니터링하고 분석하면 다음 대화를 위해 배우고 향상시킬 수 있는 것들이 많다. 봇은 계속 진화해 기능을 확장할 것이고 그중에서 큰 영역이 감정적 지능 능력이 될것이다.

▌ 요약

봇을 만드는 궁극적인 목표는 봇을 좀 더 인간적으로 보이게 하는 것이다. 인간과 동등하게 만들거나 일상 업무의 일부를 대체하는 목표를 갖고 있거나 기대가 높아 큰 실망을 하게 되는 것이다. 그러나 이 새로운 패러다임에 다시 접근해야 많은 것을 이룰 수 있다. 6장에서는 봇의 인간화 과정과 두 가지 필수 사항에 대해 알아봤다.

- 상황별 상호 작용
- 감정 지능

쉬운 일은 아니지만 이 두 가지를 결합해 봇을 구축하면 봇의 소유주로서 사용자에게 성공적인 경험과 훌륭한 학습 경험을 확보할 수 있다.

컨텍스트를 이해하는 것은 인간에게도 어려운 일이지만 더 많은 유스케이스와 기회로 확장될 수 있는 의미 있는 자동화 솔루션을 만드는 열쇠다. 상황을 분석할 수 없는 봇은 오래 살아남지 못하고 결국 사업에 이득보다는 피해를 입힐 것이다.

감정 지능은 오늘날의 디지털 세계에서 인간에게 주어진 또 다른 도전 영역이다. 그러나 봇과 컴퓨터가 감정을 이해하고 반응하며 가장 인간다운 방법으로 관리할 것을 기대하고 있다. AI 기반의 감정 지능 연구는 초기 단계에 있지만 인간화된 봇을 만들기 위한 연구를 지속하면 향후 수년 내에 매우 지배적인 상황이 될 것이다.

봇에 대해 '이해'와 '느낌'이라는 용어를 사용하지만 아직은 봇을 교육하는 단계이고, 현재의 컴퓨터와 봇에 의해 수행되는 자가 학습은 거의 이뤄지지 않는다는 점을 분명히 알고 있다. 그러나 예제에 나와 있듯이 다양한 시나리오를 준비하고 미래의 시나리오를 개선하기 위해 과거의 상호 작용에서 배우는 데에는 여러 가지 방법이 있다.

챗봇 또는 보이스봇을 구축하는 것은 진행 중인 과정이다. 당신과 봇 둘 다 더 똑똑해지고 능력을 갖게 되는 학습 사이클이다. 현재 시장에 나와 있는 모든 방법을 사용해 봇의 확장과 성장을 지원하고 기술이 빠르게 움직이고 있다는 것을 기억해야 한다.

▌ 참고 문헌

- 로보 어드바이저 정의 Investopedia: https://www.investopedia.com/terms/r/roboadvisor-roboadviser.asp
- https://www.psychologytoday.com/us/blog/behindonline-behavior/201607/the-psychology-chatbots
- https://chatbotslife.com/chatbots-are-gettingsmarter-with-emotional-intelligence-9ea5cb573d54

07

개성 구축
– 봇을 인간답게 만들기

6장, '상황 인지 디자인 – 봇을 더 인간답게 만들 수 있는가?'에서는 봇을 보다 인간적으로 보이게 만드는 방법에 대해 얘기했다. 고객을 더 잘 이해하고 행간을 읽고 상황에 맞는 대화를 할 수 있는지는 단순히 요청과 응답 흐름 그 이상이다.

7장에서는 봇의 개성, 선택 방법, 고객과 상호 작용을 할 때 반영해야 할 사항에 대해 설명한다.

▌ 컴퓨터의 의인화

옥스포드 사전은 의인화를 다음과 같이 정의하고 있다.

"인간의 본성 또는 특성이 사람이 아닌 것에 귀속돼 인간의 유형으로 추상적 품질을 나타내는 것"(https://en.oxforddictionaries.com/definition/personification)

컴퓨터의 의인화는 새로운 게 아니다. 컴퓨터에 인간의 특성을 부여하기 위해 개성을 만드는 시도는 2001년에 시도한 Hal 9000까지 거슬러 올라간다. 〈스페이스 오디세이〉(1장, 'CUI가 미래다' 참조), 〈스타워즈〉의 R2-D2와 C-3PO, 픽사의 WALL-E, 그리고 더 비극적인 로봇은 〈터미네이터〉 또는 〈가위손〉의 에드워드[Edward]가 있다.

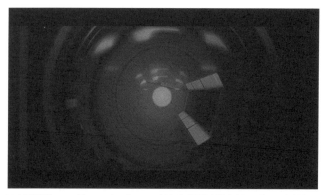

그림 1: Hal 9000(https://www.imdb.com/title/tt0062622/videoplayer/vi1143322137)

그림 2: WALL-E; C-3PO, R2-D2(이미지 크레딧: http://300-heroes.wikia.com/wiki/Wall-E, https://www.shutterstock.com/g/paulguzzo)

152

이 가상의 로봇 모두 특별한 개성과 인간의 특성을 부여받았고 독특한 컴퓨터 능력과 결합해 특별한 페르소나가 만들어졌다. 페르소나는 다른 사람에게 보여지거나 인지되는 사람의 성격 중 한 가지 모습을 말한다. 20세기 초반 라틴어에서 유래된 용어로 말 그대로 가면 또는 배우가 연기한 캐릭터를 의미한다. 이 경우에는 배우가 된 로봇에게 개성 또는 독특한 성격이 부여된다.

리라즈 마갈릿 박사에 따르면 사람들의 뇌는 챗봇과 상호 작용할 때 다른 사람과 채팅하고 있다고 믿게 된다. 그 이유는 봇이 '사용자가 자신이 소유하지 않은 다른 인간과 비슷한 특징을 봇에 부여하도록 유도하는 상호 작용에 대한 잘못된 인식을 만들기' 때문이다(https://www.psychologytoday.com/us/blog/behind-online-behavior/201607/the-psychology-chatbots).

좋아하든 싫어하든 봇은 사용자에 의해 개성을 갖게 되므로 그런 일이 일어나지 않도록 봇에 부여하고 싶은 개성을 잘 디자인해야 한다. 봇의 개성은 비즈니스 또는 브랜드를 표현하는 모든 것이다. 그것은 봇을 위해 선택한 아이콘, 언어, 목소리, 스타일이다. 봇에게 개성을 부여하지 않으면 봇은 쓰임새가 없어진다. 봇은 인간-인간의 상호 작용을 대체한다는 것을 기억하자. 맥 빠진 에이전트를 고객을 환영하기 위한 전화 또는 매장에 배치할 것인가?

▌ 페르소나 구축

프로그래밍, AI 개발, 기타 기술적 관심사를 넘어 봇의 개성을 고안하는 일은 좋은 봇을 만들때 가장 어려운 일 중 하나다. 다음은 봇을 '출시할 때' 고려해야 하는 몇 가지 조언과 아이디어다.

누가 만드는가?

좀 더 구체적으로, 누가 봇의 개성을 만드는가? 이미 봇 구축에 대한 다양한 이해관계자에 대해 얘기했다. 개발자와 프로그래머는 모든 기술적 측면을 파악할 수 있지만 결국 다른 이해관계자가 봇의 개성을 디자인하게 된다. 개성의 중요성을 이해하고 조직의 사용자를 식별해 봇의 페르소나와 연결할 수 있어야 한다. 고객 상호 작용 후의 얘기를 이해해야 하고 1개 이상의 봇에 적합한 특성의 집합으로 결합해야 한다.

이러한 사람들을 '커뮤니케이션의 마스터'라고 부르지만 보이스 디자이너/광고 작가로도 알려져 있다. 이들은 문자와 짧은 음성 반응으로 표현되는 작은 메시지로 표현되는 미세한 상호 작용으로 전체를 만들 수 있다. 이들은 대개 마케팅 경험을 갖고 있으므로 페르소나를 분석하는 방법과 제한된 공간 안에서 상호 작용을 구축하는 방법을 알고 있다.

봇은 어떤 역할을 하는가?

직무 기술서를 써본 적이 있는가? 직무 기술서를 작성할 때는 다음을 포함해 여러 가지 요소를 고려해야 한다.

- 직무 경험: 초보자의 직무 또는 일상 업무를 가장 잘 수행하는 데 필요한 경험인가?
- 교육 수준: 특정한 학력이 필요한가? 고등학교 졸업으로 충분한가, 특정 대학의 학위가 있어야 하는가?
- 찾고 있는 개성의 특징은 무엇인가? 직무에 정돈되고 조직화된 인물이 필요한가, 창의적이고 포부가 있어야 하는가? 친절해야 하는가, 다소 진지하고 전문적이어야 하는가?

기본적으로 직무에 부과하는 요구 사항을 최상의 방식으로 처리할 수 있다고 판단되는 사람을 염두에 둔다. 이는 봇에도 동일하게 적용된다. 당신의 봇이 사람이라면 누가 되겠는가? 고객과 어떻게 대화하기를 원하는가? 고객은 어떤 특성을 갖고 있는가?

봇에 대한 직무 기술서를 작성하면서 업무와 전문 분야를 좁힐 수 있다. 모든 것을 아는 '슈퍼 봇'을 구축할 수 있다고 생각하지만 봇을 만들 때는 사람을 채용할 때와 마찬가지로 전문 지식을 갖게 해야 한다. 패션을 추천하는 봇에게는 패션 추천 정보만 기대하는 것이 당연하다.

봇이 직무 설명을 잘 표현할수록 사용자에게 더 나은 경험을 제공하게 되고 더 많이 사용하게 될 것이다. 봇의 직무에 대한 주요 고려 사항은 고객이 누구인지에 따라 결정된다.

누가 봇의 고객인가?

봇의 고객은 당신의 고객이다. 당신은 고객의 페르소나를 알고 고객과 소통하기 전에 인력을 채용했다. 고객의 개성을 이해하는 것은 봇의 개성을 형성하는 데 중요하다. 자신에게 물어보자.

1. 전문식 또는 레저 사용자를 지원하고 있는가? 예를 들어 고객은 법적 또는 낭만적인 조언을 구하고 있는가?
2. 고객의 연령대는 어떤가? 베이비붐 세대인가, 밀레니엄 세대인가?
3. 사용자의 성별은 무엇인가? 모유 수유 상담을 원하는 젊은 엄마인가, 데이트에 대한 조언을 구하는 남자인가?
4. 고객의 지리적 분포는 어떤가? 세계 어디에 위치하고 있는가? 대도시에 살고 있는가, 소도시에 살고 있는가?
5. 고객이 사용하는 언어는 무엇인가? 봇이 다국어를 해야 하는가?
6. 고객이 사용하는 언어의 유형은 무엇인가?

7. 공식적/비공식적인 방식으로 글을 쓰고/소통하는가?

8. 약어나 이모지를 사용하는가?

9. 음성이나 문자로 상호 작용하는 것을 좋아하는가?

고객에게 맞는 캐릭터를 디자인할 때(일반적으로 고객을 정의할 때 1개 이상의 페르소나가 있음) 인간과 어떻게 상호 작용하는지, 고객의 기대치는 무엇인지 생각한 후에 개성과 능력을 봇에 부여해야 한다.

상호 작용을 이해하는 가장 좋은 방법은 진짜 인간이 봇의 직업 기술 범위 내에서 고객과 상호 작용하도록 하는 것이다. 많은 회사가 라이브 채팅 솔루션으로 대화를 분석해 사용자의 기대치와 상담원이 어떻게 반응하는지 등을 배운다. 이게 가능하지 않다면 고객과 봇 사이에 잠재적으로 나타날 수 있는 대화를 모방하고 봇의 반응과 사람의 반응을 비교해보자. 개발 그룹 외부의 누군가가 봇과 상호 작용하고 대화를 따르도록 하자. 다음 사항에 집중하자.

- 봇의 목표에 대한 사용자의 이해: 봇이 무엇을 도와줄수 있는지 사용자가 알고 있는가? 고객의 질문이 구축해놓은 유스케이스와 일치하는가?
- 사용자 학습 곡선: 사용자가 봇의 범위를 이해하는 데 얼마나 걸리는가?
- 봇의 반응: 답변의 정확도. 봇은 요청을 잘 이해하고 가장 정확한 답변을 제공하는가?
- 도움이 안 되거나 문제가 있는 경우, 봇의 이해 정도: 문제 상황에서는 어떻게 대응해야 하는가? 봇이 실제로 사람에게 대화를 넘겨줄 수 있는가? 봇이 사용자에게 질문을 다르게 하라고 가르쳐줄 수 있는가? 봇이 전혀 도움이 되지 않는다는 것을 확인할 수 있는가?

앞서 언급한 것과 마찬가지로 봇을 구축하는 것은 계속 진행 중인 과정이다. 일단 타깃 고객과 고객의 요구 사항을 모니터링하라. 사용자의 개성을 확인할 때는 누군가를 놓쳤을 수 있으므로 이와 관련된 조정이 필요하다. 봇의 개성은 다른 개발 생명 주기와 마찬가지로 고객들과 함께 계속 성장하고 변화할 것이다.

▍ 봇의 개성 구축

일단 봇의 직무 기술과 타깃 고객을 알게 되면 봇의 개성을 구축할 수 있다. 봇의 개성은 성별(봇이 1개인 경우), 목소리, 음색, 외모, 언어, 스타일에서 시작된다.

성별

봇이 성별을 가져야하는지 의심스럽다. 봇 스스로가 '진짜 인간'을 표방하는 것이 아니라 봇이 상호 작용을 시작할 때부터 머신이라고 선언한다면 굳이 봇에 성별을 부여해야 할까?

봇에게 성별을 부여하는 데는 여러 가지 이유가 있다. 무엇보다 봇에 성별을 부여하지 않았다고 해서 사용자가 성별이 없다고 생각하지는 않는다. 인간은 상상력을 이용해 얘기하는 상대방을 묘사하는 경향이 있다. 전화 통화를 하거나 언어, 직업에 따른 이메일을 받았을 때 사람의 목소리에 기반을 둔다. 다른 사람과의 상호 작용에서는 상대편에서 '보는' 우리에 대해 설명할 필요가 있다. 이것의 상당 부분은 우리의 기대(직무 설명에서 시작해 상대편에서 보려고 하는)에 근거한다. 만약 타깃 고객에 대해 알고 있다면 고객의 입장에서 누구를 볼 것인지도 알 수 있다. 따라서 애초부터 페르소나를 만드는 것은 어떨까?

또 다른 이유는 믿음이다. 봇의 성별 투명성은 사용자에게 신뢰를 줄 수 있다. 앞의 예에 이어 모유 수유에 대한 조언을 구하는 젊은 엄마는 '남성'이 아니라 '여성'의 조언을 고마워할 것이다. 이 경우, 테스트하는 것은 매우 쉽기 때문에 젊은 엄마가 모유 수유 상담을 받으러 간 적이 있다면 결국 여자에게 상담을 받을 것이다.

많은 경우, 봇의 성별이 무엇이어야 하는지는 명확하지 않기 때문에 몇 가지 A/B 테스트를 실행한 후에 성별에 따른 반응과 성공률을 확인하는 것이 좋다. 예를 들어 투자 자문가와 상호 작용하는 경우, 봇이 남자여야 하는가, 여자여야 하는가? 이 문제는 사용자, 연령대, 지리적 위치에 따라 다를 수 있다. 이 경우에는 매장이나 지점에서 만나게 되는 사용자의 성별 수치를 사용할 것을 추천한다. 어쩌면 편견을 깰 수 있는 좋은 시기일 수도 있다(자세히 설명하지는 않겠지만 봇을 만들 때 좀 더 생각해볼 것을 권한다).

그림 3: DIY-Crafts -Handmade: 매우 여성적인, 주부 유형 아이콘과 이모지 사용. 이 봇의 외모와 개성은 확실히 여성을 겨냥함(왼쪽). Handmaid Cleaning: 매우 여성지향적인 편향(가운데)? Eat Clean Bot: 녹색, 긍정적인 색상을 사용하는 행복한 가지 모양(요리사 모자를 가진 건강한 음식을 형상화)의 성별 구분 없는 봇(가지 요리사). 모든 성별을 겨냥하고 있음(오른쪽)

▌ 보고 느낄 것

성별은 단지 봇의 모양과 느낌의 한 요소일 뿐이다. 남자이든, 여자이든, 다른 어떤 것(봇 또는 아마 동물)이든 봇의 개성은 색깔을 통해 매우 다양한 방식으로 반영된다(액세서리, 옷, 머리색과 스타일, 눈 모양, 색 및 사이즈, 주름 유무 심지어 표정). 봇이 표현하고자 하는 것은 무엇이며 어떻게 외모로 사용자의 신뢰를 얻을 수 있는가?

모든 질문은 평균 고객을 정의하고 봇의 목적을 분석한 후에는 쉽게 대답할 수 있다(적어도 쉬워진다). 1개 이상의 답이 있으면 테스트하라. 예를 들어 웨스턴 유니온Western Union의 봇은 성별이 없고 매우 진지하고 신뢰할 수 있는 로고와 매우 사려깊은 언어를 사용한다. 유일한 문제는 시각적 메뉴에 포함되지 않은 요청을 이해하지 못하고 반복적으로 "미안해요, 이해할 수 없어요"라고 말한다는 것이다. 물론 봇의 페르소나와는 아무런 관련이 없지만 좋은 페르소나를 만드는 것만으로는 충분하지 않다는 것은 분명하다.

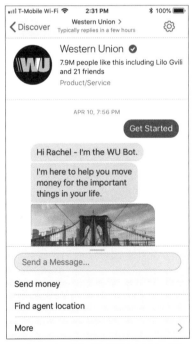

그림 4: 웨스턴 유니온 봇(성별 구분 없음)

음성과 스타일

봇이 어떻게 말을 하고 있는가? 봇의 목소리를 언급하는 것은 언어적 정의 이상을 의미하기 때문이다. 심지어 챗봇에도 목소리가 있다. 음성은 봇이 하는 대화의 스타일과 톤이다. 이는 봇이 사용자에게 '말할' 때 사용하는 구체적인 단어들이다. 작은 뉘앙스, 이모지, 약어 그리고 사용자에게 반응하는 에너지다. 이런 것들은 모두 브랜드 개성의 일부이며 봇이 가진 개성의 일부분이 돼야 한다.

봇이 의학적인 조언을 제공하는 경우, 공식적인 스타일의 상호 작용을 사용한다. 이 상호 작용은 편안하고 신뢰할 수 있는 어조를 가질 것이고 박식하게 들려야 한다. 추가 정보를 얻기 위해 다른 리소스에 대한 링크를 포함할 수 있다. 그러나 봇의 목적이 반 친구가 나를 좋아하는지, 좋아하지 않는지 또는 내가 유명 배우와 결혼할 가능성이 있는지를 확인하는 것이라면 봇의 목소리는 10대 청소년처럼 친근하고 때로는 유치하기도 해야 한다. 분위기를 맞추기 위해 이모지와 재미있는 GIF를 포함할 수 있다.

봇이 사용자와 유스케이스를 성공적으로 식별하면 올바른 음성과 어조도 성공적으로 제공할 수 있게 된다. 여기서도 사용자는 봇을 신뢰해야 하고 봇은 무엇을 해야 할지 알고 있어야 한다. 사용자는 자신의 언어와 스타일로 '말해야' 하며 자신의 수준에서 '말해야' 한다. 봇의 페르소나 안에 넣고자 하는 모든 문장은 스스로 질문해봐야 한다. 봇 뒤에 있는 사람이 정말로 그렇게 말할까? 사람들이 다르게 말할 수 있었을까, 더 좋게 말할 수 있었을까?

가벼운 대화 = 큰 성공

지금까지 봇이 도움을 줄 수 있는 구체적인 유스케이스에 초점을 맞춰 봇의 전문 분야를 좁히는 방법에 대해 얘기했지만 가벼운 대화나 수다는 어색함을 깨고 사용자를 이해한다는 것을 보여줄 수 있는 좋은 방법이다.

가벼운 대화나 수다는 봇의 범위나 일반적인 주제와 관련이 있을 수 있다. 많은 경우, 사람들은 봇이 얼마나 '인간'적인지 '확인'한다. 가벼운 대화는 확인되지 않은 질문에 대한 좋은 대답이 될 수 있다. 많은 시간을 투자하지 않더라도 큰 차이를 만들 수 있다. 상호 작용을 추적하는 데 도움이 되는 도구를 사용하고 있다면 사람들이 실제로 말하는 내용을 보면서 데이터베이스를 계속 만들 수 있다. 수다에는 다음과 같은 질문이 포함된다.

- 안녕하세요?
- 누구이신가요?
- 당신은 봇인가요?
- 결혼은 했나요?
- 어디에 근무하고 있나요?
- 누가 돈을 주나요?
- 무엇을 하고/먹고/마시고 싶나요?
- 남자 친구 있어요?
- 나를 좋아하나요?

봇의 반응은 대개 재미있다. 이 반응은 유익할 수도 있다. 예를 들어 봇은 "나는 NBA에서 일해"라고 대답할 수 있다. 그러나 윙크 이모지를 추가하면서 "나는 그렇게 많은 돈을 벌지는 못해"라고 얘기할 수 있다. 이런 반응이 "나는 이해하지 못했어요"라고 말하는 것보다 훨씬 낫다.

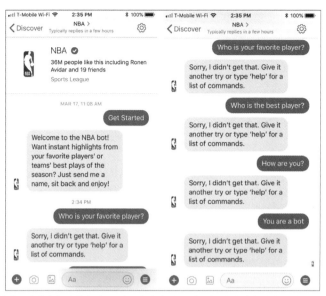

그림 5: NBA 봇에는 성별이나 개성이 없음. 질문에 답할 때와 질문할 때 제한된 경험을 제공함. 질문에 대해 재치 있고 재미있는 대답을 할 수 있었는데 진정한 기회를 놓친 것 같은 느낌임.

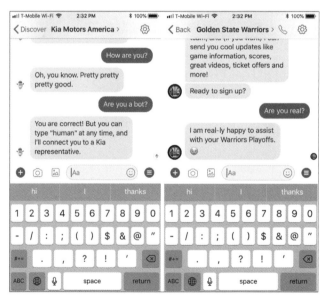

그림 6: Kia Motors America 봇: 로봇 아이콘과 개성이 있고 일반적인 정보를 제공하는 데 도움이 되고 수다를 떠 는 토론에도 유용함. 봇은 영리한 답을 해주면서 실제 사람과 대화해야 할 필요가 있음을 이해하고 사람과 연락하는 방법을 제공함(왼쪽). Golden State Warriors 봇: 전사 아이콘이지만 시각적 개성은 없음. 봇은 일반적인 테스 트 질문(진심인가요?)에 대해 윙크하는 이모지를 보내는 좋은 반응을 보임. 확실히 어색함을 깨는 좋은 아이스브레이 커다(오른쪽).

그림 7: Golden State Warriors 봇은 귀중한 전사의 색으로 하트를 보내면서 "내 생일이야"라고 반응함.

다양한 페르소나 구축하기

우리는 봇이 단지 하나의 목표 고객보다 많은 사람을 지원하는 가능성에 대해 언급했다. 대부분의 경우 사용자를 식별할 수 없지만 다른 사용자에게 다른 봇을 할당하는 것이 유용할 수 있다. 이것이 필요한 이유는 무엇인가? 봇의 일반적인 비즈니스 로직은 변하지 않을 수 있지만 대화 흐름과 제공된 내용 또는 정보는 극단적으로 다를 수 있다.

예를 들어 은행 봇을 예로 들어보자. 은퇴자와 밀레니엄 세대의 상호 작용이 다르다는 것은 분명하다. 서로 다른 요구와 미래를 갖고 있기 때문에 관심 주제가 다를 것이다. 이것이 바로 봇이 제공하는 것이 다양해야 하는 이유다. 또한 상호 작용하는 방법(봇의 목소리와 스타일)과 단어의 선택은 다를 것이다. 인간 상담원은 이러한 차이점을 즉시 확인하고 이에 따라 반응할 수 있으므로 봇도 이와 동일하게 반응해야 한다.

봇이 사람처럼 반응하게 하면 모든 것을 좀 더 복잡하게 만들지만 다양한 사용자에게 서비스를 제공하려면 다른 사용자에게 다른 봇 페르소나를 제공하는 것이 봇의 성공하는 핵심 요소다.

봇의 페르소나를 쌓는 방법

마케터 경험이 있다면 고객의 페르소나를 구축하는 방법과 왜 그것이 중요한지를 모두 알고 있을 것이다. 물론 목표는 고객을 더 잘 이해한 상태에서 고객에게 판매하거나 더 나은 서비스를 제공하는 것이다. 지리, 나이, 직업 등과 같은 사용자의 일반적인 정보와 비즈니스 본질과 관련된 보다 구체적인 데이터를 수집하는 동안, 고객 페르소나를 구축하는 데에는 다양한 방법이 있다. 예를 들어 큰 출판사에서는 사용자가 금융이나 패션에 관심이 있는지에 따라 기업이 어디에 투자해야 하는지를 알고 싶어한다.

봇의 페르소나를 만드는 것은 매우 비슷하지만 약간의 차이점이 있다. UX 디자인의 선두주자인 오스틴 비어는 '봇 페르소나 툴킷'을 개발해 팀들이 봇의 만드는 데 도움을 줬다. 비어에 따르면, 한 그룹의 사람들이 모여 페르소나와 봇(단, 한 사람이 아닌)을 구성한다는 사실은 고전적인 고객 페르소나와 봇의 페르소나 사이에서의 주요 차이점이다.

> {bot RB} 디자인 프로세스에서 보다 협업적이고 인간 중심적인 방법을 사용해 사용자(즉, 인간)를 위한 더 많은 경험을 만들 수 있다.
>
> – 오스틴 비어

한 그룹의 사람들은 봇의 개성을 형성하는 다음 다섯 가지 질문에 답해야 한다.

- 이름은...

- 목표는...

- 해야 하는...

- 내 생각에는...

- 느낌은...

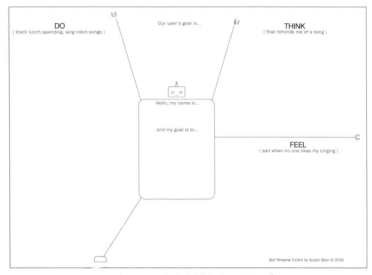

그림 8: 오스틴 비어의 '봇 페르소나 툴킷'

UX 디자이너인 아리 질니크는 이와 비슷한 방법으로 Emoji Salad의 주인공인 Emojibot (이모지를 사용하는 문자 기반 Pictionary 스타일의 게임)의 개성을 어떻게 구축했는지 설명했다. 질닉은 유명 인사와 가상 인문의 개인적인 특성을 봇에 제공하기로 결정했다고 언급했다. 한 팀으로 일하면서 서로 다른 인물들이 공유하는 공통적인 특성을 발견하고 서로 다른 척 도로 봇의 개성과 연결시킬 수 있었다.

봇의 개성을 쌓는 데 도움이 되는 흥미로운 도구는 실제로 인간이 자신의 개성을 이해하 고 파악하는 데 도움을 준다(https://www.16personalities.com/). 일련의 질문에 답하면서 (마치는 데 약 10분 소요) '개성 테스트'의 결과를 얻을 수 있다. 테스트 결과, 자신이 어떤 '유형'의 사람인지와 같은 다양한 종류의 특성을 심도 있게 살펴볼 수 있다. 당신과 당신의 팀이 앞서 말한 요구 사항에 따라 봇을 공동으로 구축한 후에 이 도구를 사용해 봇의 개성을 신속하게 테스트할 수 있다는 것이 흥미롭다. 결국 당신의 봇이 원하는 만큼 동정심이 없다는 것을 알 수 있다!

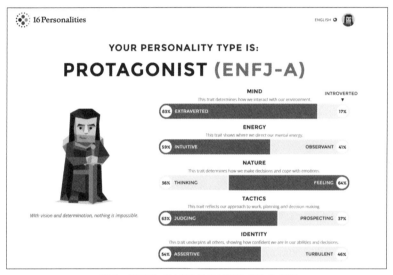

그림 9: 16명의 개성에서 봇의 장점을 찾을 수 있음.

▌ 요약

우리의 개성은 인간을 특별하게 만드는 것이다. 그래서 인간-인간 간의 상호 작용을 모방할 때 봇에 독특한 개성을 부여하려고 한다. 봇을 만드는 기술 장벽을 극복하면 개성을 만드는 것이 가장 큰 도전 중 하나일 것이며 이 분야에서 매우 흥미로운 진전을 보게 될 것이다.

봇의 성격을 만드는 것은 봇의 모양과 느낌, 언어, 스타일, 어조 그리고 목소리와 같은 많은 요인과 매개변수를 포함하는 다면적인 과정이다. 최고의 '상담원'과 일치하도록 하기 위해 고객의 페르소나(언어, 연령대, 스타일 등)를 파악해야 한다. 진지하고 신뢰할 수 있는 봇 또는 웃기고 바보 같은 봇을 만들 수 있다. 봇은 모든 경우에 사용자의 '언어'로 말해야 한다.

한 가지 유형 이상의 개인/고객을 목표로 하고 있다는 것을 미리 알고 있다면 봇을 위한 페르소나를 여러 개 만드는 것이 좋다.

성공 사례들을 살펴보면 봇의 개성을 구축하는 프로세스는 팀에 의해 더 잘 수행된다는 것을 알 수 있다. 각 참여자별로 봇의 목표와 기능에 대한 기대치를 정의하고, 그것들을 모으면 다면적이고 자동화된 '에이전트'를 구축할 수 있다.

봇은 (아직) 인간이 아니지만 전문 분야를 좁힌 특정 유스케이스에서는 인간보다 약간 더 나을 수 있다는 것을 이해하고 있다. 봇은 성장하고 진화할 수 있으며 실험과 고객의 실시간 상호 작용에 근거해 봇이 배우는 데 도움을 줄 수 있다. 이 책에서 자주 언급했듯이 봇을 만드는 것은 일회성의 과정이 아니라 시행 착오의 과정이자 지속적인 학습 과정이다.

마지막으로, 봇의 개성을 만드는 가장 좋은 방법을 배우면서 모두가 그 과정에서 재미를 느낄 수 있다는 것을 기억하자. 봇에 독특하고 재미있는 관점을 부여하고 사용자와의 어색함을 깨거나 최소한 얼굴에 미소를 짓는 데 도움을 준다.

8장, '분야별 봇 이해하기 – 금융 기관'에서는 수직적 관점의 봇에 관해 살펴본다. 재정봇과 여행봇에 대해 논의하고 비슷한 점과 차이점을 살펴본다. 그런 다음 몇 가지 예를 중심으로 무엇을 배울 수 있는지 살펴본다.

▮ 참고 문헌

- 더 유명한 로봇: http://www.denofgeek.com/us/movies/19030/the-top-50-robots-and-ai-computersin-the-movies
- https://en.oxforddictionaries.com/definition/personification
- Persuasive Technology: Using Computers to Change What We Think and Do, B.J. Fogg, Morgan Kaufmann
- https://chatmagazine.com/designing-a-chatbot-personality-52dcf1f4df7d
- https://blog.marvelapp.com/guide-developing-botpersonalities/
- https://www.16personalities.com/free-personalitytest
- https://www.theatlantic.com/technology/archive/2016/03/why-do-so-many-digital-assistants-have-feminine-names/475884/
- https://medium.com/the-charming-device/howto-design-intelligence-3-ways-to-make-humancent ered-bots-76c5ff7524df

08

분야별 봇 이해하기
- 금융 기관

7장, '개성 구축 – 봇을 인간답게 만들기'에서 '스마트 봇'을 만들 때의 기술적인 한계와 AI 사용의 부족에 대해 논의했다. 오늘날에는 많은 플랫폼이 쉽고 원활한 봇 구축 프로세스를 제공하지만 동일한 개발 용이성으로 인해 기능이 부족한 봇이 많이 소개되는데, 이는 단순한 웹 양식이나 웹 사이트의 내비게이션 도구와 다를 바 없다.

봇이 반드시 인지적이어야 하는 것은 아니며 봇의 처리에서 항상 AI를 포함하지 않는다는 것을 알게 됐지만 기술이 향하는 방향은 분명하다. 사용자의 행동과 요구 사항을 학습한 후 이러한 결과에 대응하고 재구현할 가능성은 봇의 진화에서 중요한 단계다. 이미 어느 정도는 이 책에서 탐구한 내용의 일부가 몇몇 봇에 적용되고 있지만, 그 과정이 사일로화 돼 있고 고립된 상태로 진행 중이다.

어떻게 확장할 수 있는가? 다양한 측면에서 어떻게 서로 다른 유스케이스와 연관을 맺을 수 있는 '메가 브레인'을 만들 수 있는가? 9장, '여행 및 전자 상거래봇 - 유스케이스 및 구현'과 10장, '대화형 디자인 프로젝트 - 단계별 가이드'에서는 봇의 수직적 기능을 알아본다.

나는 매우 흥미로운 두 가지 수직 시장에 초점을 맞추기로 결심했다. 8장에서는 금융과 여행에 대해 이 분야의 선도 브랜드와 기관이 어떻게 솔루션을 디자인했는지 살펴본다. 다른 산업과 다를 것은 없지만 금융 산업은 이 책에서 설명하는 대부분의 모범 사례를 따르는 우수하고 성공적인 사례를 포함하고 있다.

수직적 관점의 분석에 대해 깊이 들어가기 전에 수직적 관점의 솔루션을 구축할 필요성에 대해 논의하고자 한다. 봇의 기능이 분야별로 다른 점은 무엇인가? 분야를 교차하는 측면에서 활용할 수 있는 비슷한 점이 있는가?

▮ 뱅킹봇이 여행봇이 될 수 있는가?

미래에는 될 수 있다고 믿는다. 시리, 알렉사와 같은 개인 어시스턴스의 개념은 애플리케이션 간 상호 작용과 권고가 가능하도록 확장될 것이다. 이것은 매우 복잡한 작업이지만 AI를 사용하면 달성할 수 있다.

한편, 주로 일반적인 유스케이스에 접근할 때는 교차 봇과 교차 분야 학습을 활용할 수 있다. 뱅킹 유스케이스 중 일부는 여행/비행봇 유스케이스, 보험 유스케이스 또는 발권 시스템과 같은 기업 내부의 유스케이스와 비슷하다. 예를 들어 〈item〉 상태를 확인해야 한다.

뱅킹 유스케이스의 경우는 다음과 같다.

"대출 신청 상태는 어떻습니까?"

여행용 봇 또는 항공 상태 봇의 경우는 다음과 같다.

"호텔 예약/항공권 상태는 어떻습니까?"

기업 발권 또는 보험 유스케이스의 경우는 다음과 같다.

"나의 항공권/청구의 상태는 어떻습니까?"

유스케이스가 상당히 다르긴 하지만 성공적인 대화를 위해서는 봇이 인간 행동을 대체/모방한다고 가정할 때 엔드 유저와 동일한 유형의 상호 작용이 필요하다.

이는 다음과 관련돼 있다.

- 봇의 NLU 엔진을 지원하는 데 필요한 샘플 수집(문장):

  "〈item〉의 상태는 무엇인가?"

  "〈item〉의 조건은 무엇인가?"

  "〈item〉 상태에 대한 업데이트가 있는가?"

- 대화형 흐름 자체. 모든 유스케이스에서 봇의 답변은 다음과 같은 추가 정보를 요구하는 유형이어야 한다.

  "대출 신청/호텔 예약/항공편/항공권 번호를 알려주시겠습니까?"

다른 교차—분야의 예로는 암호 재설정과 항목 취소가 있다. 결국 답변 자체는 관련 API에 연결돼 사용자의 동적 정보를 추출하게 될 것이다. 대화형 흐름을 만들 때 하나의 유스케이스를 다른 유스케이스와 비교하면 많은 것을 배울 수 있으며 특정 유스케이스에 적용할 봇에 대한 개선 사항이 다른 유스케이스에도 적용될 수 있다.

예를 들어 대학 사용자의 비밀번호를 재설정하는 것은 온라인 뱅킹 비밀번호를 재설정하는 것과 다르지 않다. 단지 다른 정보가 필요한 다른 API를 뒤에서 호출한다. 대화의 흐름은 사용자가 "암호를 재설정하고 싶다" 또는 "암호를 잊어버렸다"라고 말할 때와 동일하게 유지된다.

█ 금융 기관 - 유스케이스, 구현 및 예제

대부분의 금융 기관은 보안 우려, 긴 의사 결정 프로세스, 지식과 노하우 부족으로 신기술에 적응하는 속도가 느리다. 때때로 새로운 기술을 채택하는 시점에서 봤을 때 더 이상 새로운 기술이 아니거나 구현된 수준이 낮아 솔루션이 쓸모없는 상태일 수도 있다. 그러나 이 책에서는 고객과의 상호 작용을 더 잘할 수 있도록 하기 위해 대화형 애플리케이션 및 CUI가 금융 기관에서 좀 더 빨리 구축될 수 있다고 믿기 때문에(과거의 다른 디지털 혁명보다 신속하게) 금융업계를 다루기로 했다. 이 독특한 트렌드를 이해하려면 왜, 어디서, 무엇에 대해 알아야 한다.

왜?

은행은 새로운 목소리를 내는 게 아니다. 텔레뱅킹과 IVR 시스템은 적어도 10년 동안 은행 경험의 필수적인 부분이었다. 그러나 이러한 값비싼 솔루션을 사용하면서 실망한 경험은 득보다는 해를 끼쳤을 수 있다.

은행과 다른 금융 기관은 고객 상호 작용을 개선하기 위해 다른 대화 방식을 기꺼이 받아들인다. 사용자가 머신과 상호 작용할 때 자유롭게 대화하거나 문자를 사용하게 하는 솔루션은 은행과 사용자에게 매우 매력적일 수 있다.

어디서?

모든 접점: 금융 기관은 온라인과 오프라인의 끝단을 결합해 고객과 거래한다. 새로운 대화형 기술은 채팅, 보이스, 아마존 알렉사, 구글홈, 챗봇 및 문자 메시징 심지어 개선된 대화형 전화 경험에 이르기까지 고객과 연결할 수 있는 경로를 추가로 제공한다.

무엇?

금융 기관의 이용 사례가 계속 증가 및 확장되고 있다. 모바일과 매우 비슷하게 영업 시간과 주소 검색 등과 같은 개인화되지 않은 데이터로 시작했다. 그러나 최근 들어 점점 더 많은 금융 기관이 다음 단계의 대화형 상호 작용을 취하고 있는 것을 볼 수 있다.

보이스봇과 챗봇은 자신의 데이터에 접근하는 것을 허용해 계좌 잔고 확인, 지출 추적, 청구서 지불 또는 송금까지 재무 정보 및 자문을 제공한다. 결과적으로 은행을 매우 낮은 운영비로 사용자가 24/7 연중무휴로 이용하게 한다.

고객 지원과 셀프서비스 기능만 전환되는 게 아니다. 마케팅 및 판매도 함께한다. 이에는 사용자가 사용할 수 있고 적극적으로 대화를 장려하는 대출 신청 및 신규 계정 생성이 포함돼 있다.

▌ 금융 기관 챗봇

트렌드를 주도한 것은 대형 금융 기관이었다. 그다음에는 더 작은 금융 기관이 그 뒤를 따랐다. 일부는 프레임워크를 만들고 일부는 대화형 경험을 기존 플랫폼에 통합했다.

뱅크 오브 아메리카

에리카는 뱅크 오브 아메리카 고객에게 계좌 잔액 및 거래 정보를 제공하는 인앱 채팅 및 보이스봇이다. 돈을 송금하는 기능과 청구서 지불 기능도 제공한다. 앞으로 계속 성장하는 AI 역량을 사용해 재정적인 자문을 제공할 것으로 예상된다.

에리카는 거의 12개월 동안 개발됐는데 개발 팀에는 100명 이상의 개발자와 디자이너가 포함돼 있다. 아마존 알렉사, 구글홈과 같은 서드파티 장치에서는 사용할 수 없으며 단지 문자 메시지와 영어만 지원한다.

은행 관계자에 따르면 3개월 내에만 100만 명의 고객이 이미 가상 어시스턴트를 이용하고 있는 것으로 나타났다. 그 이유는 다음과 같다.

- 필요 충족
- 좋은 대화형 디자인 사용

에리카의 개성은 amERICA라는 이름으로 은행과 연결되는데, 여성적인 이미지를 가진 AMERICA의 상징으로 표현된다. 은행을 대표하는 로고는 없지만 온라인과 오프라인 모두에 동일한 디자인 패턴이 적용되고 있다. 이는 7장, '개성 구축 – 봇을 인간답게 만들기'에서 설명한 것처럼 사람들이 봇을 신뢰하고 연결하는 방식에 영향을 미칠 수 있다.

그림 1: 에리카(뱅크 오브 아메리카의 봇)

대화형 인터페이스는 엔드 유저와 가상 은행가 사이에서 짧고 집중된 상호 작용을 제공한다. 상호 작용 범위(유스케이스의 수)는 광범위하므로 계정에 관련된 정보와 일반적인 정보를 포함하고 있다. 에리카는 AI를 이용해 재정적인 자문을 제공할 수 있으며 사용자의 뱅킹 경험과 계좌 관리에 보다 적극적일 수 있다.

174

상호 작용이 빠르고 간단하며 즉시 이용할 수 있는 은행 관련 자문의 필요성을 충족시킨다.

봇의 페르소나는 시각성이 부족하지만 시간이 지나면서 변화가 있을 수 있다. 특히 다른 기업들이 엔드 유저가 연결할 수 있는 독특한 유형을 채택하고 있기 때문이다.

웰스파고

웰스파고 뱅킹 어시스턴트는 원래 FB 메신저 플랫폼을 활용해 고객과 상호 작용했고 계정 잔고 데이터, 거래 통찰력과 기타 일반 서비스를 제공했다.

웰스파고는 에리카와 마찬가지로 웰스파고 로고를 아이콘으로 활용해 어시스턴트의 페르소나를 매우 자연스럽게 유지했다. 이 경우, 웰스파고 뱅킹 어시스턴트명은 고유의 특성이 아닌, 기능을 나타낸다.

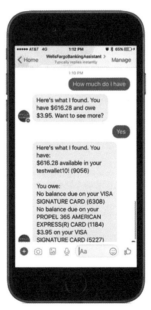

그림 2: 웰스파고 FB 메신저봇 – 전략 변경

웰스파고 FB봇은 더 이상 존재하지 않는다. 액세스를 시도하고 몇 시간이 지난 후에 나에게 보낸 메시지 회신에서 보안상의 이유로 소셜 미디어에서 계좌 정보를 더 이상 사용할 수 없다는 것을 알게 됐다(최근 FB 데이터 스캔들 때문일 수 있음).

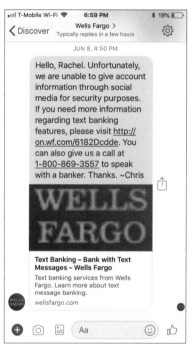

그림 3: 웰스파고는 은행의 대화 전략을 FB 밖의 다른 채널로 전환함.

은행은 대화형 경험을 위해 문자 메시지 솔루션을 제공한다. 그러나 이 문자 메시지봇은 브랜딩과 개성을 포함하지 않으며 은행 웹 사이트나 모바일로 사전 등록해야 한다.

사전 등록의 일부로 사전 정의된 특정 옵션만 활성화돼 사용자는 자유로운 대화형 UX 대신, 코드 기반 명령을 사용하도록 요청받는다(그림 4 참조).

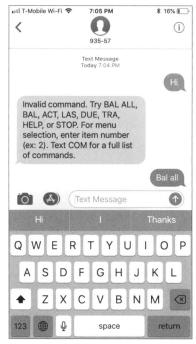

그림 4: 웰스파고 문자 메시지 솔루션 – 다시 되돌아갈 수 있는가?

▌ UI 및 UX 모범 사례

금융 분야의 선두 업체를 살펴보면 모범 사례에서 배우거나 모방할 수 있다. 다음 절에서 몇 가지 예를 살펴본다.

웰스파고

웰스파고의 예에서 볼수 있는 모범 사례는 많지 않지만 실수에서 배울 수 있는 가능성이 있다.

웰스파고는 뱅크 오브 아메리카와 달리 보안상의 이유로 인해 잘못된 결정일 수도 있는 FB 메신저를 통해 봇 상호 작용을 하도록 결정했다. FB봇은 원래 가상 은행 관련 기능을 모두 갖고 있었지만 그 기능과 범위는 비개인 데이터로 제한됐고 현재는 봇에 접근할 수 없다.

웰스파고가 고객을 위해 안전한 환경에서(앱/웹 사이트) 챗봇 전략을 곧 채택할 것으로 기대한다. 현재 웰스파고 고객들은 대화형 상호 작용을 할 수 없다. 이는 멀티채널을 동작시키고 모든 계란을 한 바구니에 넣지 않기 위해 노력하는 이유이기도 하다.

캐피털원

이노(Eno, 'One'을 거꾸로 사용)는 고객이 신용카드 청구서와 계좌 정보를 받을 수 있게 하는 문자 메시지 솔루션이다. Eno는 다른 예와 달리, 성 중립적이고 전통적인 캐피털원과는 다른 페르소나를 갖고 있다. 앱에서도 동일한 색상을 사용한다.

이노의 페르소나는 훨씬 캐주얼하고 가볍다. 이모지와 약어에 대응해 밀레니엄 사용자 경험을 목표로 하는 것처럼 느껴진다. 또한 캐피털원은 지능형 어시스턴트 기능을 활용하기 위해 고객이 앱을 다운로드하는 것을 강제하지 못하도록 앱의 외부에서 이노를 제공할 것을 주장했다. 이는 모바일에서 대화형으로의 전환을 나타낸다. 여러 가지 면에서 볼 때 사용자에게 모바일 앱 외부에서 또 다른 통신 경로를 제공한다는 것이 타당하다.

캐피털원은 문자 메시지 전송 플랫폼을 사용해 사용자에게 새로운 차원의 대화형 경험을 선사한다. 이는 현재까지 가장 진보된 금융 기관의 채팅 경험을 주고 있다고 생각한다.

이노는 캐피털원의 알렉사 스킬(다음 절에서 자세히 설명) 이후 대중에게 소개됐다.

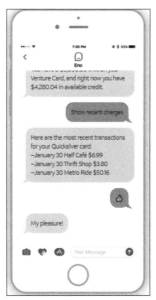

그림 5: 이노는 배우기 좋은 예제 중 하나로 사람과 채팅하는 것처럼 느껴짐.

이노의 디자이너는 독특한 고객 경험을 제공하는 성 중립적인 봇의 '탄생'을 이끌어내는 캐릭터 제작에 많은 노력을 기울였다. 이 봇은 매우 쉽고 흥미 있는 다면적인 개성을 조합해 의미 있고 광범위한 기능을 제공한다.

캐피털원은 음성 CUI에 처음 투자했는데 채팅 CUI에 많은 영향을 미쳤다고 생각한다. 비주얼 프리 대화를 디자인할 수 있다면 음성 디자이너는 훨씬 더 복잡하고 유연한 커뮤니케이션을 만들 수 있다. 대화는 집중적이고 짧지만 필요할 때마다 여러 지점에 대응할 수 있는 기능이 갖고 있다.

일반적인 질의와 고객 지원을 포함하고 있는 다른 금융 기관 챗봇으로는 스웨덴 은행 SEB 어시스턴트인 Aida, 홍콩 HSBC 어시스턴트인 에이미 등이 있다. 흥미롭게도, 모두 여성의 이름을 갖고 있으며 후자의 예에서는 여성적인 외양을 하고 있다(그림 6 참조). 그 이유는 성에 대한 고정관념 때문이다. 여성을 어시스턴트로 삼고 공식적인 환영 인물로 세우는 것에 익숙하다.

여기서도 은행이 여전히 사용자에게 개인 정보를 제공하는 것에 대해 매우 조심스러워하며 고객은 개인 정보를 제공하지 않는 것이 좋다. 그러나 이 디자인은 웹 디자인에 더 가깝고 대화형 디자인은 아니다.

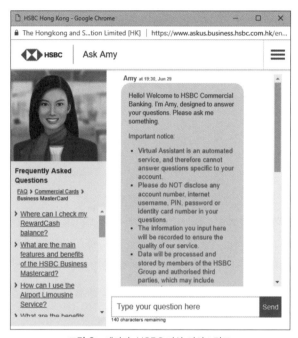

그림 6: 에이미, HSBC 가상 어시스턴트

▌ 금융 기관의 음성 지원 대화형 봇

금융 기관은 서드파티 대화형 장치를 채택하는 속도가 느리다. 미국에서 가장 혁신적인 회사로는 캐피털원과 자동차 보험 회사 가이코를 들 수 있다.

캐피털원

이미 독특한 문자 메시지 솔루션에서 캐피털원의 혁신적인 사고를 살펴봤다. 그러나 캐피털원의 혁신은 처음 아마존 알렉사 스킬을 회원들에게 소개하는 것보다 이전에 시작됐다.

그림 7: 캐피털원의 웹 사이트: 알렉사의 첫 번째 재무 기술은 캐피털원을 위한 것이었음.

캐피털원은 2016년 3월, 고객에게 아마존 알렉사 장치를 통해 금융 계좌와 상호 작용하는 방법을 제공한 최초의 회사가 됐다. 이 기술은 고객의 계좌에서 실시간으로 데이터에의 접근을 제공하면서 시작됐으며 점차 청구서 지불도 가능하게 됐다.

아마존 개발자 사이트에는 유스케이스에 대한 설명이 있다(https://developer.amazon.com/blogs/alexa/post/c70e3a9b-405c-4fe1-bc20-bc0519d48c97/the-capital-of-the-capital-one-alexa-skill). 그리고 시간이 지나면서 기술이 어떻게 진화했는지 살펴보는 것도 흥미롭다. 캐피털원은 서로 다른 상호 작용 외에도 화면 지원 장치인 에코 쇼를 포함해 새로운 장치의 기능을 계속 활용했다.

그림 8: 캐피털원의 웹 사이트: 에코 쇼는 단순한 유스케이스부터 복잡한 유스케이스에 이르기까지 광범위하게 지원함.

아마존 알렉사 팀과 캐피털원은 시장의 개척자로서 음성 지원 대화형 뱅킹으로 가는 길을 열었으며 다른 기관이 음성 지원 대화형 뱅킹으로 옮겨가는 데 영향을 미쳤다. 또한 보안 측면에서도 사용자 경험을 손상시키지 않으면서 엄격한 보안 프로토콜과 흐름을 가능하게 하는 고유한 메커니즘을 통합했다.

캐피털원은 텍스트와 음성으로 교차 채널 대화형 솔루션을 구현해 금융업계에서 대화형 혁명을 선도해왔다. 사용자가 대화를 선호하든, 문자 메시지를 선호하든 캐피털원은 진정한 교차 플랫폼 기반 대화형 경험과 업계의 새로운 표준을 제공한다.

캐피털원은 두 채널 모두에서 인간의 상호 작용을 대체하는 챗봇의 목적에 따라 새로운 대화형 상호 작용을 제공한다. 이 대화는 텍스트와 음성으로 작성되며 짧고 정확하다. 앞서 언급했듯이 캐피털원이 음성으로 시작했다는 사실은 문자 메시지 솔루션이 구축됐을 때 이 둘을 매우 비슷하게 만들었다.

캐피털원의 알렉사와 이노의 페르소나는 약간 다르다. 이노의 캐릭터는 젊고 가벼우며 알렉사는 온건하다. 성별이 없는 보이스 어시스턴트를 만드는 것이 더 어렵다. 여성스러운 개성을 보여주는 알렉사 스킬에는 성 중립적인 특징이 없기 때문일 것이다.

UX 쪽에서는 두 가지 솔루션 모두 매우 대화하는 방식으로 짧고 집중적인 상호 작용을 제공한다. 두 예제 모두에서 봇은 무엇을 요구할 수 있는지 그리고 새로운 기능이 무엇인지에 대한 검색 정보를 제공한다.

캐피털원은 아직 구글홈 액션을 출시하지 않았는데 이는 사용자에게 미스터리로 남아 있다. 향후 12개월 동안 캐피털원에서 출시되는 버전을 지켜보는 것은 매우 흥미로운 일이 될 것이다.

가이코

3장, '대화형 킬러 앱 구축'에서 설명했듯이 보험 회사인 가이코GEICO는 음성 기반의 고유한 페르소나 유스케이스를 도입했다. 가이코는 이 특별한 유스케이스에서 알렉사 스킬(이후 구글홈 액션)에 의한 새로운 페르소나를 만들지 않고 오히려 브랜드 마스코트인 가이코에 연결했다.

가이코는 150개가 넘는 광고에서 가장 오랫동안 출연하고 있는 마스코트다. 1999년에 처음 소개된 후 가이코의 광고와 광고 캠페인에서 개성은 수년 동안 수정되면서 변했다. 처음에는 지적인 인물이었지만 수년간 세월이 흐르면서 점점 더 '옆집 소년' 페르소나로 변했다.

그러나 가이코의 음성 경험을 색다르게 만든 것은 바로 가이코의 목소리다. 가이코는 고유한 영국식 억양(현재 영국 배우인 Jake Wood에 의해 녹음)은 TV와 라디오 광고 덕분에 쉽게 알아볼 수 있게 됐다(가이코는 2016년에 가장 많은 광고비를 사용한 미국의 최고 소비 브랜드 중 하나임. https://en.wikipedia.org/wiki/GEICO_advertising_campaigns#The_Gecko).

알렉사와 구글홈 모두 선택할 수 있는 몇 가지 음성 옵션이 있지만 가이코는 가이코의 음성과 해당 장치의 경험을 결합하는 매우 흥미로운 방법을 발견했다.

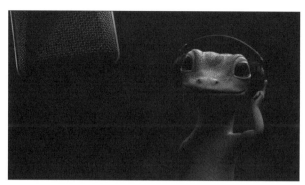

그림 9: 독특하고 놀라운 가이코의 음성 경험(https://www.ispot.tv/ad/7tDc/geico-arrrrrrr)

3장, '대화형 킬러 앱 구축'에서 설명했듯이 알렉사 스킬이나 구글 액션을 활성화할 때 가이코의 음성 녹음을 사용해 애플리케이션에 대한 몇 줄의 소개로 상호 작용을 시작한다. 먼저 사용자를 앱에 초대하고 앱과 상호 작용했을 때 무엇을 달성할 수 있는지 알려주는 것으로 시작한다. 그리고 사용자에게 다음에는 무엇을 하고 싶은지 묻는 것으로 끝난다. 사용자가 답을 하면 가이코는 대화를 알렉사/구글 보이스로 넘긴다. 사용자가 나가면 가이코는 작별 인사를 한다.

스킬과 액션은 계좌 잔고 정보, 긴급 출동 서비스, 청구서 지불을 제공한다. 아직 몇 가지 제한된 유스케이스만을 제공하지만 가이코는 특정한 요구 사항을 해결하는 데 초점을 맞춘 복잡한 유스케이스에서 시작했다. 가이코는 다른 회사와 마찬가지로 고객이 새로운 음성 지원 장치를 채택할 때마다 더 많은 기능을 계속 추가할 것이다.

대화는 집중해서 짧게 유지되고 상호 작용은 유창하고 자연스럽다. 사용자들은 (적용된 유스케이스에 대한) 스킬과 액션을 사용할 수 있는 몇 가지 정보가 제공될 경우, 다양한 단계 (상황에 맞는 대화)를 마음대로 탐색할 수 있다.

그림 10: 알렉사를 사용한 가이코

가이코는 캐피털원과 마찬가지로 알렉사 스킬을 출시한 후 지능형 어시스턴트 케이트도 소개했다. 케이트는 일반적인 질문, 가이코의 스킬과 액션에 대한 유스케이스에 포함된 개인 정보를 제공하는 인앱 음성 및 채팅 어시스턴트다.

케이트는 가이코의 페르소나를 지니고 있지 않다. 봇은 여성적인 이름을 부여받았지만 케이트는 특별한 캐릭터가 아니라 회사 아이콘의 다채로운 변형을 대표한다.

그림 11: 가이코의 챗봇-케이트

가이코도 캐피털원과 마찬가지로 음성을 비교적 일찍 시작했고 시간이 지나면서 유스케이스와 기능이 발전했다. 서로 다른 플랫폼에 여러 오퍼링이 있는 여러 어시스턴트가 있다는 사실은 고객에게 혼란스러울 수 있지만 이는 여러 채널의 통합으로 해결할 수 있다.

가이코를 사용하는 가이코의 알렉사 및 구글 페르소나는 개인화와 맞춤 설정 및 브랜딩의 좋은 예다(일부 대화 채널은 아직 부족함). 이것이 개인화된 음성 상호 작용을 위해 시장에서 볼 수 있는 새로운 트렌드와 요구에 대한 시작이며, 특히 동적 상호 작용이 음성에서의 다음 과제가 될 것이다.

▌ 요약

대화형 채팅과 음성 상호 작용이 일상생활에서 중요한 역할을 하기 시작했다. 서로 다른 산업의 유스케이스 흐름과 비즈니스 로직은 서로 비슷하며 뱅킹봇을 구축한 경험이 여행봇 등 기타 산업에 관련된 봇을 만드는 데 도움이 된다는 것에 동의한다고 믿는다.

8장에서는 올바른 유스케이스에 집중하고 CUX와 결합하는 것이 챗봇과 보이스봇의 성공에 필수적이라는 것을 알게 됐다. 금융 영역에서의 다양한 구현 방법을 살펴보면서 배포의 핵심은 인앱 환경에 초점이 맞춰져 있고 외부 장치와 미디어를 활용하지 않아도 된다는 것을 알게 됐다.

대기업은 독점적인 AI 대화형 솔루션을 개발하고 시장에 도입하기 위해 많은 자원을 계속 투입하고 있다. 초점은 사용자를 이해하고 인간 상담원과 동일한 방식으로 대응하는 자체 학습 솔루션에 있다.

항상 그렇듯이 목표는 고객의 편의성과 회사의 장기적인 비용 절감이다. 하지만 우리는 큰 변화를 목격하고 있는 중이다. 기업은 사용자가 정보를 소비하는 특정한 방법을 사용하도록 강요하는 대신, 소비자의 행동에 적응하려고 시도하면서 문자 메시지 플랫폼과 알렉사와 구글홈 솔루션까지 받아들인다. 좀 더 까다로울 수는 있지만 웰스파고 FB의 예에서 살펴본 것과 같이 보안과 데이터에서 투명성을 확보해야 하는 문제는 소형 브랜드가 고객을 위해 선진 솔루션을 도입하는 계기가 되기도 한다.

브랜드와 금융 기관은 여전히 유스케이스와 자동화된 대화형 애플리케이션의 페르소나를 실험하고 탐구하고 있다. 뱅크 오브 아메리카는 매우 보수적인 견해를 유지하고 있지만 캐피털원과 같은 다른 기업들은 밀레니엄 트렌드에 반응해 대화형 혁신을 새로운 모습에 연결하고자 노력하고 있다.

음성은 완전히 새로운 도전 기회를 제공한다. GUI와 UX의 부재는 독특한 페르소나와 경험을 만드는 것을 어렵게 한다. 가이코는 알렉사 스킬과 구글홈 액션에 뭔가 다른 것을 접목하는 창의적인 방법을 찾았지만 다른 이들은 대부분 경험, 유스케이스, 효율성에 초점을 맞추고 있다.

이 영역에서 신기술에 적응하는 속도는 더디지만 대형 금융 기관들은 시장보다 앞서 다양한 솔루션을 실험하고 테스트할 수 있는 막대한 예산을 갖고 있다. 특히 미국의 음성 시장에서 금융 기관은 선구자로서 혁신을 이뤄 모두를 놀라게 했다. 금융 산업에서 이뤄지고 있는 수많은 혁신 사례는 다른 산업에도 쉽게 적용할 수 있는 동력이 될 것이다.

9장, '여행 및 전자 상거래봇 – 유스케이스 및 구현'에서는 여행과 전자 상거래 산업에서의 봇을 살펴본다.

▌ 참고 문헌

- 금융 기관의 챗봇: https://thefinancialbrand.com/71251/chatbots-banking-trends-ai-cx/
- 뱅크 오브 아메리카의 에리카는 100만 명의 사용자가 사용: https://www.americanbanker.com/news/mad-about-erica-why-a-million-people-use-bank-of-americas-chatbot
- 대화형 애플리케이션은 전통적 음성 뱅킹을 대체: https://conversation.one/2018/06/27/howconversational-applications-replace-traditionalphone-banking-and-ivrs/#more-2154
- 아마존 개발자의 캐피털원 알렉사 스킬 유스케이스: https://developer.amazon.com/blogs/alexa/post/c70e3a9b-405c-4fe1-bc20-bc0519d48c97/the-storyof-the-capital-one-alexa-skill
- 게이코의 광고 캠페인: https://en.wikipedia.
- org/wiki/GEICO_advertising_campaigns#The_Gecko
- https://www.geico.com/more/geico-community/commercials/gecko-journey-across-america/

09

여행 및 전자 상거래봇
– 유스케이스 및 구현

여행과 전자 상거래는 봇을 적용할 수 있는 산업의 좋은 사례다. 온라인으로 쇼핑하거나 다음 항공편과 호텔을 예약하는 것은 요즘 컴퓨터와 휴대폰으로 행하는 매우 일상적인 일이다.

나는 처음으로 휴대폰으로 항공편을 예약했던 때를 기억한다. 스마트폰만 사용해 이렇게 복잡한 작업(종단간)을 완료할 수 있었다는 것은 정말 흥분되는 일이었다.

어도비의 리서치 연구에 따르면 2017년 휴가 시즌의 모바일 쇼핑 규모가 데스크톱을 앞지른 것으로 나타났다(11월과 12월 데스크톱에서의 금액은 66%로 모바일(34%)에 비해 여전히 높음, 2016년 대비 6% 증가함, https://techcrunch.com/2017/11/02/mobile-holiday-shoppingvisits-in-u-s-will-surpass-desktop-for-first-time/). 온라인 쇼핑은 데스크톱이든 모바일이든 자연스럽고 매우 쉬워졌다.

두 산업계가 봇의 잠재력을 확인하고 신속하게 대응한 것은 당연했다. 그러나 온라인으로 이동할 때 이러한 산업이 갖고 있는 장점 중 일부는 봇으로 전환할 때 불이익을 받게 됐다.

9장에서는 여행 및 전자 상거래봇의 과제에 대해 논의하고 성공하거나 성공하지 못한 유스케이스를 탐색하며 이 업계에서 사용자 봇의 경험을 어떻게 향상시킬 수 있는지 검토한다. 두 산업 모두 직면하고 있는 두 가지 주요 과제부터 시작해 사례를 자세히 살펴본다.

▍ 여행 및 전자 상거래 과제

여행 및 전자 상거래 산업에는 새로운 솔루션이 즉시 영향을 미치기 힘들게 하는 다음과 같은 두 가지 공통 과제가 있다.

- 현재 솔루션이 매우 진보돼 있음
- 발견 과제

9장을 쓰기 전에 동료들과 상의해 업계에 추천할 수 있는 최고의 봇(음성 또는 채팅)을 추천해줄 것을 요청했다. 여행 업계에서 받은 추천은 대기업에 이미 구현된 봇 솔루션이었다. 전자 상거래 업계에서는 아마존과 구글을 여러 번 추천받았다. 두 업계에서 산업에 진정한 변화를 만드는 봇은 아직 없고 갈길이 멀다는 점을 확인했다. 그 이유는 무엇일까?

이미 성공한 것과 경쟁할 수 있는가?

첫 번째 과제는 오늘날의 디지털 솔루션이 충분히 훌륭해 경쟁하기가 매우 어렵다는 사실이다. 전자 상거래 사이트와 모바일 앱은 물론, 여행 앱, 호텔 웹 사이트도 효율적이고 신속하며 편안하다. 이러한 산업에서 디지털 솔루션은 많은 혼란과 변화를 가져왔다. 보완적인 서비스로 시작했지만 결국에는 완벽한 솔루션이 됐다.

디지털 솔루션은 기존 사업을 복제한 것이 아니라 색다르고 더 좋은 서비스를 제공할 수 있었기 때문에 두 산업에서의 물리적 상호 작용을 대체했다.

챗봇과 보이스봇이 이 업계에서 독보적인 위치를 차지하려면 현재의 디지털 솔루션보다는 더 나은 경험을 제공할 수 있어야 하며 엔드 유저에게 더 많은 부가 가치를 제공해야 한다. 엔드 유저가 봇과 웹 사이트에서 동일한 결과에 도달한다면 봇에는 부가 가치가 없는 것이다. 여행 및 전자 상거래를 위한 봇의 비밀을 찾는 것이 산업계의 큰 도전 과제다.

왜 봇을 만들거나 사용하는지 상기해보자. 다음이 필요하다.

- 엔드 유저에게 간단하고 원활하며 효율적인 상호 작용 제공
- 규모에 따라 좀 더 나은 서비스를 제공하기 위한 사업의 촉진
- 비용 절감

봇이 위 '세 가지 신성한' 조건을 달성하지 못하면 기존의 솔루션을 대체할 수 없을 것이다.

현재의 봇들은 단지 독특한 경험 또는 정보를 제공할 뿐이다. 기껏해야 웹 사이트/모바일 검색과 동일한 가치를 제공하고 덜 성공적인 사례에서는 답을 얻기 위해 웹 사이트로 되돌아가야 한다. 카약KAYAK에서 항공편을 검색한 후 인간 상담원을 다시 찾은 적이 있는가? 예전의 패러다임으로 되돌아간다는 것은 새로운 패러다임이 충분히 매력적이지 않다는 것을 의미한다.

여기서 주목해야 할 중요한 점은 대부분의 봇은 FB봇에서만 사용할 수 있고 비즈니스 웹 사이트에서는 사용할 수 없다는 것이다. 이는 엔드 유저가 가장 많이 사용하는 접점에서 비즈니스에 접근하는 것으로, 소셜 미디어는 의심의 여지없이 가장 중요한 접점 중 하나다. 그러나 좋은 봇은 사용자의 검색 노력과 웹 사이트(다른 플랫폼 포함)에서 찾고 있는 응답을 줄이는 데 도움이 된다. 기업들이 봇을 자사의 웹 사이트에 올릴 수 있을 만큼 신뢰할 때 패러다임 시프트를 볼 수 있다.

그렇다고 해서 자동화된 봇이 현재의 디지털 솔루션을 대체하지 못한다는 의미는 아니다. 사실 봇은 디지털 솔루션을 대체할 것으로 믿는다. 다만 봇은 흔히 볼 수 있는 것보다 훨씬 더 좋은 것을 제공해야만 업계를 지배할 수 있다. 따라서 봇에 대한 부가 가치와 ROI를 증명해야 한다.

지금까지 20년 이상 데스크톱과 모바일 앱에 투자해오면서 인간의 행동이 분석 및 연구됐고 솔루션의 UI와 UX가 훌륭해져서 경쟁하기 어려운 상태가 됐다.

봇은 아직 초기 단계에 머물러 있으며 투자 기간도 짧다. 봇의 핵심을 찾아내고 구현하는 데에는 어느 정도 시간이 걸릴 것이다.

그중 하나는 음성이 될 것이다. 음성이 향후 봇과 자동화된 상호 작용의 디자인에 큰 영향을 미칠 것이며 그 이후 봇과 자동화된 상호 작용을 지배적인 솔루션으로 만들기 위한 과제는 발견과 데이터 표현이다.

챗봇과 보이스봇은 데이터를 어떻게 표현하는가?

의심할 것도 없이 데이터 관리는 챗봇과 보이스봇에게 가중 중요한 과제다. 웹 혁명은 우리를 무한한 양의 데이터에 노출되게 하지만 챗봇과 보이스봇의 목표는 데이터를 선별해 짧고 집중화된 답변을 제공하는 것이다. 물론 문제는 다음과 같다.

여행 및 전자 상거래 산업에서 그러한 경험을 제공하는 것이 가능한가?

두 경우 모두 짧고 집중적인 솔루션이 명확한 유스케이스가 있다. 예를 들어 여행의 경우에는 다음과 같은 질문이 좋다.

"비행기가 제 시간에 도착하나요?"

"예" 또는 "아니요"라는 짧은 대답을 기대하거나 봇이 새로운 도착 시간을 제공하는 것을 기대한다. 쇼핑도 이와 마찬가지다. 사용자는 다음과 같이 주문에 대한 질문을 할 수 있다.

"주문이 발송됐나요?"

또는

"장바구니에 무엇이 들어 있나요?"

봇은 쉽게 대답해준다.

"예. 주문하신 물건은 발송됐고 곧 도착할 것으로 예상됩니다."

또는

"장바구니에는 우유와 빵이 있는데 계산하시겠습니까?"

짧은 채팅/음성 상호 작용에 적합한 사례는 많지만 진짜 도전은 발견 모드에 있다.

발견은 데이터를 검색하는 것을 의미한다. 쇼핑을 하거나 비행기를 예약할 때 어떻게 하면 데이터 검색을 짧고 집중적이며 사용자 친화적으로 만들 수 있는가? 오늘날 우리가 사용할 수 있는 데이터양은 때로는 무한해서 원하는 만큼 오랫동안 탐색할 수 있다. 어떻게 하면 이러한 경험을 채팅이나 음성으로 가져올 수 있는가? 글쎄, 더 나은 것은 만들 수 없다고 생각한다.

새로운 데이터 발견 모델의 정의

누구나 생각할 수 있는 것처럼 챗봇과 음성 지원봇은 웹 사이트와 모바일 앱이 아닌 인간과의 상호 작용을 대체하고 있다. 따라서 현재의 디지털 경험을 모방하는 시도 대신, 인간 상담원과의 상호 작용을 모방하기 위해 시간을 거슬러 올라가야 한다.

웹과 모바일 검색은 무한히 많은 결과를 제공한다. 더 이상 여행 상담원과 상점 내 영업 사원에 의존하지 않게 됐다. 직접 모든 것을 보면서 선택하고 결국 구입해야 할 것을 자체적으로 분석할 수 있게 됐다. 그러나 데이터양이 너무 많았다.

선택 범위를 좁히기 위해 필터를 도입했다. 티셔츠를 찾을 때는 사이즈, 색상, 브랜드 등과 같은 항목에 따라 검색을 필터링할 수 있다. 항공편과 여행 상품을 찾는 경우도 이와 마찬가지다. 데이터를 도착과 출발 날짜, 장소, 항공사 등을 기준으로 필터링할 수 있다.

하지만 필터링 옵션을 사용하더라도 booking.com에서 호텔을 검색하거나 amazon.com에서 상품을 찾을 때마다 여전히 수백, 수천 개의 검색 결과에 노출되고 있다. 검색 결과는 정확도 수준에 따라 다르지만 비록 두 페이지 중 첫 번째 페이지만 하더라도 15~40개의 결과가 나온다. 이런 데이터가 가치가 있는가?

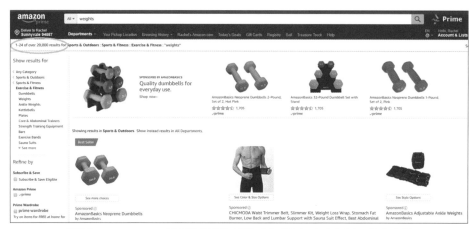

그림 1: amazon.com: '아령'을 검색하면 2만 개가 나온다. 이 데이터가 도움이 될까?

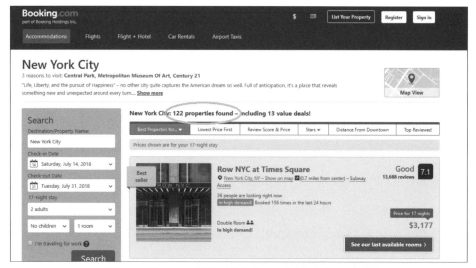

그림 2: booking.com: NYC 여행에 있는 12가지 옵션이 도움이 될까?

194

질문은 다음과 같다. 비록이 데이터가 가치 있다고 하더라도 채팅 또는 문자 메시지 솔루션을 사용하는 경우와 음성으로 상호 작용하는 경우에 어떻게 표현될 수 있는가? 이에 대한 해답은 여행과 다른 산업을 위한 챗봇의 '비장의 무기' 발견 과정에서 첫 번째 요소일 것이다.

아령을 사기 위해 요청했을 때 제공되는 2만 개의 옵션은 기존 디지털 채널에는 도움이 되지 않는다는 것에 동의하기 때문에 봇이 이와 같은 방식으로 동작할 이유가 없다는 점을 이해해야 한다. 봇의 임무는 빅데이터를 크롤링하고 1~3개의 가장 유용한 선택을 할 수 있도록 하는 정반대의 역할을 수행하는 것이다. AI와 스마트한 대화형 흐름을 사용하면 봇은 최고의 결과만을 제공하는, 스마트한 어시스턴트가 될 것이다.

작은 사이즈의 음성을 사용해 데이터를 최소화해 표현되고 제공돼야 한다. 우리와 봇 사이에는 진보된 컨텍스트에 맞는 상호 작용에 의해 지지를 받아 최상의 결과만을 제공할 것이다.

이 경험은 여행사와의 상호 작용을 모방해야 하지만 웹과 모바일 디지털 경험을 구현함으로써 지난 수년간 습득한 힘과 강점에 의해 뒷받침될 것이다.

검색 엔진 또한 봇의 효과를 높이기 위해 개선돼야 한다. 필터링 옵션과 컨텍스트가 더욱 중요해질 것이다. 찾고 있는 것은 단지 옷이 아니다. 예를 들면 칵테일 이벤트를 위한 드레스다.

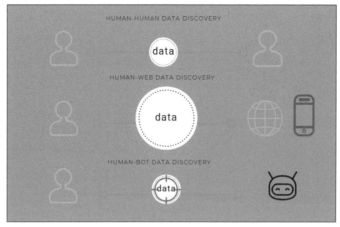

그림 3: 스마트한, 집중된, 진화된 데이터 발견

▎ 유스케이스 및 권장 사항

이 절에서는 주로 데이터 검색 유스케이스에 중점을 두지만 봇이 웹 사이트의 데이터만 제공하는 유스케이스에 대해서는 초점을 맞추지 않는다.

여행

여행 산업은 디지털 솔루션 분야에서는 가장 진보적인 산업 분야다. 아직 초기 단계에 있지만 일부 대형 브랜드는 이미 음성 및 텍스트를 모두 지원하는 CUI 및 UX를 만들었다.

나는 9장을 쓰면서 문자 메시지 또는 FB(Volara는 아마존 알렉사를 지원)를 통해 손님과 상호 작용하는 가상 컨시어지 서비스(Gooster, Ivy by Go Moment, Volara 등)를 제공하는 여러 회사를 언급했다. 이 서비스는 손님에게 체류가 어땠는지 확인하고 일반적인 컨시어지 질문에 대한 답변을 제공한다. 몇 가지를 테스트하고 그 회사의 설립자들과 논의했다.

결론적으로 이 솔루션은 매우 중요한 정보를 제공함으로써 프론트에서의 많은 질문을 막고 손님의 체류를 편하게 해줄 것이다. 그러나 솔루션은 여전히 기초적이고 간단한 유스케이스를 다루고 있다.

발견 과제를 이해하기 위해 채팅과 음성 솔루션을 모두 제공하는 카약을 살펴보기로 한다. 이 웹 사이트에서는 많은 것을 배울 수 있다.

카약

카약의 유스케이스는 SF에서 NYC로 가는 비행기를 찾고 있었다. 그 흐름은 훌륭했고 봇은 제공받은 정보를 매우 잘 이해하고 있었다.

FB 메신저봇으로 자유로운 텍스트와 퀵 버튼을 결합한다. 경우에 따라 두 가지를 모두 사용할 수 있으며 일부에서는 퀵 버튼만 사용할 수도 있다.

봇과의 대화 흐름을 시작할 때 봇은 유스케이스(호텔 검색, 항공권 검색, 또는 할 일)를 알려주고 "가장 좋은 항공 시간은 언제인가?" 등과 같은 몇 가지 일반적인 질문 사례를 가리켰으며 상대적으로 복잡한 유스케이스인 여행 계획을 도와주기도 했다.

무엇이 잘되고 잘되지 않았는가?

1. **약어 지원**: "어디에서 출발하느냐?"라는 질문에 "SF"라고 대답했는데 봇은 약어를 이해했다(그림 4 참조).

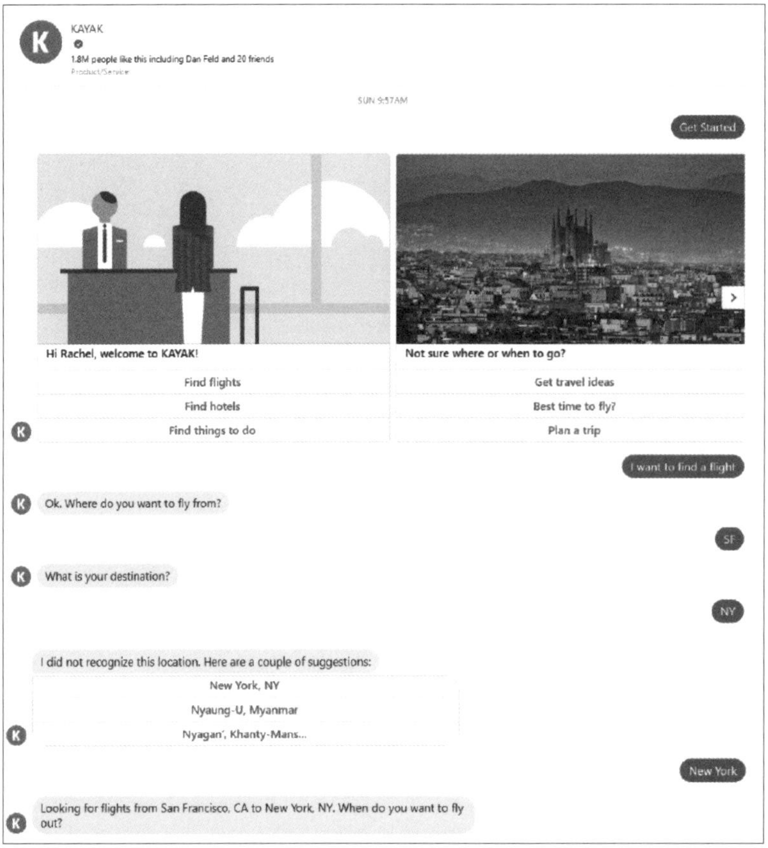

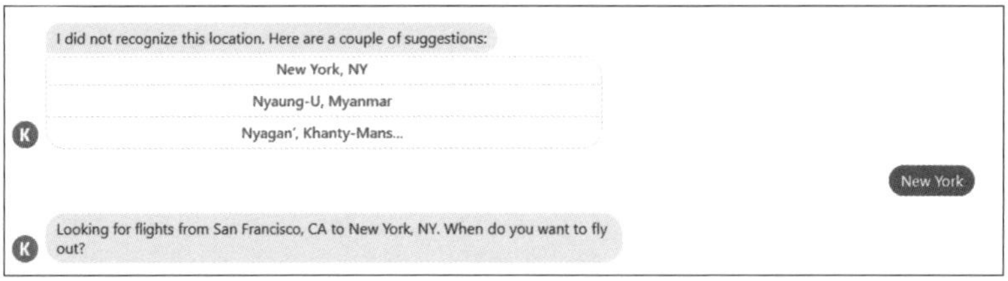

그림 4: 어떤 이유에서인지 'NY'를 입력하자 봇이 요청을 확신하지 못하고 요청과는 다른 두 가지 옵션을 제공함.

2. **날짜 이해하기:** "비행하고 싶은 날이 언제냐?"라는 질문을 받았을 때 "내일"이라고 대답했고 "언제 되돌아오기를 바라느냐?"라는 질문에는 "다음주 수요일"이라고 대답했다. 시스템은 날짜와 시간을 찾아 번역한 후 관련 일정을 제공한다. 구체적인 날짜(원하다면)를 제공할 필요가 없었고 마치 진짜 인간이 계산하고 있는 것처럼 느꼈다.

그림 5: 날짜를 계산하고 비행 세부 사항을 완벽하게 요약했음.
SF에서 NYC로 7월 14일 출발해 18일에 돌아오고 싶었음.

3. **결과:** 봇은 불행하게도 프로세스를 완료하는 데 필요한, 정확한 데이터를 제공하지 못했다. 최고의 항공편을 제공하는 것 대신, 선택할 수 있는 1,062개의 항공편을 제공받았다(그림 6 참조). 그마저도 편도였다.

그림 6: 이 데이터가 모두 필요한가? 모두 처리할 수 있는가?

카약이 이러한 경험을 향상시키는 데 필요한 것은 무엇인가? 다음과 같이 옵션 범위를 좁히는 데 도움이 되는 추가 정보를 요청해야 한다.

"일찍 출발하실 건가요, 늦게 출발하실 건가요?"

"NYC에서 도착하고 싶은 특정한 공항이 있나요?"

"직항 항공편을 찾고 있나요?"

"예산을 고려해야 하나요?"

이와 같은 질문은 기업이 엔드 유저에게 보다 정확하고 효과적인 답변을 제공하는 데 도움이 될 수 있다. 교체하려고 하는 여행사를 다시 상기해보자. 나에게 필요한 1,000개 이상의 항공편을 찾았다고 말하는 것을 상상할 수 있는가?

4. **선택:** 실생활에서 이러한 상호 작용을 계속했을 것이라 생각하지는 않지만 데모의 목적으로 대화를 계속하고 봇이 결과를 좁히는 데 도움이 되는지 알아보려고 했다. 가장 싼 항공편만 요청한 후 유나이티드 항공United Flight을 선택했다.

문자 메시지 옵션을 사용할 수 있었지만 봇은 이 질문에 반응하지 않았다. 문자 메시지 옵션을 활성화하는 것을 원하지 않을 경우에는 문자 메시지 옵션을 비활성화해야 한다. 그렇지 않으면 엔드 유저는 프로세스에 문제가 이상이 있다고 생각할 수 있다. 이어서 항공편 하나를 클릭했다. 단지 1,000개 이상의 되돌아오는 항공편을 탐색해야 한다는 것을 발견하기 위해….

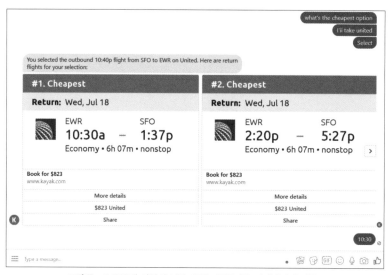

그림 7: 1,000개 이상의 되돌아오는 항공편을 검색해야만 했음.

5. **주문 완료**: 항공편 예약을 완료할 수 없고 여기서 계속 구매하기 위해 웹 사이트로 이동해야만 했다. 봇과 대화하면서 구매를 완료할 수 있었다면 매우 흥미로웠을 것이다. 이것이 미래에 볼 수 있는 모습이라고 믿는다.

알렉사 기반의 카약

아마존 알렉사에 대한 경험을 보여줄 수는 없지만 알렉사에서 카약을 사용하는 것은 매우 건설적이었다.

이 기술은 항공편, 호텔, 자동차에 대한 정보를 제공한다. 호텔을 검색할 때 필요한 숙박 수를 예약하는 옵션이 제공됐다. 두 가지 유스케이스(호텔 검색, 항공편 검색)에서 시스템은 콘텐츠를 매우 잘 발견했으며 기술을 통해 정보를 좁혀 결국은 선택할 수 있었다. 다음은 두 가지 유스케이스에 대한 상세한 분석이다.

호텔 검색

알렉사는 NYC에 있는 호텔을 요청하자 제한된 수의 옵션(세 가지 옵션)을 제공했다. 이는 음성에 대한 데이터 검색이 어떻게 집중되고 목표가 되는지를 보여주는 완벽한 예이며 텍스트 기반 봇 솔루션에서 이러한 변화를 볼 수 있기를 기대한다.

그러나 검색 옵션을 추가하고 검색 범위를 좁힐 수는 없었다. 제시받은 세 가지 옵션은 예산(350달러~1,000달러/숙박)이 상당히 비쌌지만 더 저렴한 장소를 요청하거나 위치를 변경할 수 없었다.

이 기능을 사용할 수 있게 되면 경험이 향상될 뿐 아니라 사람들이 알렉사에서 예약을 완료할 수 있게 된다.

에코 쇼 경험에 대한 퀵 노트: 4장, '아마존 알렉사 및 구글홈 디자인'에서 설명한 에코 쇼 기반의 아마존의 스크린 장치이며 추가 시각적 가치를 제공하는 카약과 대화했다. 카약은 호텔 객실 및 비행기의 일반적인 주제와 관련된 이미지와 예약을 제안한 호텔의 구체적인 사진을 제공했다. 에코 쇼는 추가 데이터를 위해 말로 하는 상호 작용도 지원했다. 예를 들어 "호텔에 얼마나 머물 것입니까?"라고 물었을 때 에코 쇼 화면에는 며칠을 묵을 것인지를 보여준다.

항공편 검색

카약을 이용한 항공편 검색 또한 집중적인 목표였다. 알렉사는 날짜와 목적지를 제공하자 두 가지 옵션으로 반응했다. 논스톱 항공편과 1회 환승하는 가장 저렴한 항공편이었다. 음성을 사용하는 경우, 1,000개가 넘는 결과를 제공하는 것은 의미가 없다. 카약은 자동으로 가장 인기 있는 옵션(데이터 검색 과제를 해결하는 가장 좋은 방법)을 필터링했다.

여기서도 선택할 수 있는 옵션의 범위가 좁아지는 것을 경험하게 되는데, 이는 음성 또는 채팅 검색 시에 반드시 필요한 옵션이다.

카약은 필터링 과정을 계속 진행할 수 없고 다른 시간, 항공사 또는 공항을 요청할 수 없으므로 여전히 알렉사 스킬을 개발하고 있다고 생각한다. 카약의 대화형 오퍼링은 단지 시작일 뿐이며 곧 사용할 수 있을 것으로 믿는다.

▌ 전자 상거래

전자 상거래 및 챗봇은 판매에서 지원에 이르기까지 할 수 있는 게 무척 많다. 8장, '분야별 봇 이해하기 – 금융 기관'에서 챗봇 쇼핑 경험의 몇 가지 예를 제시했는데 대부분의 경우 큰 성공은 거두지 못했다. 이베이eBay의 샵봇ShopBot 예시를 포함하기로 했는데 이는 샵봇이 제공하는 것과 대화형 디자인의 관점이 다르기 때문이다.

이베이

이름에서 알 수 있듯이 이베이의 샵봇은 사용자가 관심을 갖고 있는 제품에 대한 최고의 컨설팅을 제공해 쇼핑을 장려한다. 전반적인 경험은 매우 긍정적이며 심지어 즐겁고 재미있다. 봇의 페르소나는 잘 알려져 있고 상호 작용은 매우 인간적이다. 다른 예와 달리, 마지막에는 구매를 완료하는 데 도움을 준다. 마치 지식이 많은 인간 상담원과 얘기하는 것처럼 느껴진다.

무엇이 잘되고 무엇이 잘되지 않았나?

1. **용의주도하고 구조화됐지만 유연함**: 봇을 시작하는 것은 저항하기 힘들기 때문에 이베이 봇은 자체 제안의 일부를 제공한다. 이는 일반적인 봇 기능 메뉴의 제안이 아니다. 계절에 관련된 아이템을 제안받았다.

그림 8: 봇은 제안은 단지 제안일 뿐이며 사용자가 다른 방향으로 대화를 이끌 수 있다는 것을 명확히 하고 있음.

2. **필터링 및 옵션 줄이기:** 사용자가 관심 분야를 결정하면 봇은 정보를 좁히고 더 나은 데이터 검색을 제공하기 위한 목적 아래 일련의 질문으로 시작한다. 나는 아령을 찾고 있었는데 봇은 아령의 재료를 고르라고 했다.

그림 9: 봇은 기본 필터링을 사용해 이미 관련이 있는 몇 가지 옵션을 제공하고 '최상의 가치', '중고', '최고의 일치'와 같이 알려진 카테고리에 넣음. 더 많은 결과를 얻기 위해 좌우로 이동하는 스크롤 옵션이 있지만 총 옵션은 6개가 유지됨.

3. **페르소나 및 의사소통:** 봇과의 상호 작용은 재미있고 직관적이다. 단순한 정보나 지침 이상의 완전한 문장으로 응답한다. 그림 9에서 볼 수 있는 예는 다음과 같다. 첫째 봇은 필터링 흐름을 따라 이동한 후에 검색을 마무리한다. 거래를 추적하는 것을 얼마나 좋아하는지는 말해줄 수 없다.

4. **봇은 또한 매우 교육적이고 유익하다:** 더 많은 정보를 얻기 위해 텍스트를 입력하거나 항목을 클릭할 수 있다는 것을 알 수 있도록 해주고 앞의 문장에서도 가장 좋은 거래를 찾을 수 있다는 것을 상기시킨다.

5. **연속 필터링:** 이베이가 한 일은 대단하다. 대화를 시작하면서 10개의 필터링 질문으로 사람을 피곤하게 하는 대신, 연속적인 필터링 프로세스를 만들어 사용자가 이미 수집한 정보를 기반으로 몇 가지 추천을 얻도록 했다.

봇은 아령의 재료에 대해 묻고 난 후 계속 사용할 수 있는 금액을 물어봄으로써 옵션을 좁혔다. 이 정보로 훨씬 더 집중된 검색 결과에 노출됐다.

그림 10: 여기서 프로세스가 완료되지 않고 '어떤 활동을 위해 아령을 사용할 것인가?'를 확인하는 필터링 옵션을 제공한다. 봇은 대답하자마자 정보를 다시 필터링함.

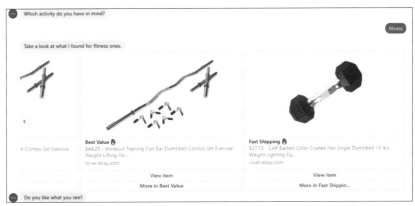

그림 11: 봇은 엔드 유저가 만족할 때까지 상호 작용을 계속함. 이베이 샵봇은 매장의 인간 상담원을 대체함.

6. **구매 완료:** 구매를 완료하려고 할 때 몇 가지 사소한 일이 잘 해결되지 않았다. 아이템을 선택한 후 봇과 정보를 공유하면 요청을 이해하고 더 많이 알고 싶은 항목을 클릭하라고 지시했다. 구매할 수 있는지 물어보자 상황에 맞지 않은 대체 답변을 받았다. 봇이 구매를 원한다면 바로 직전의 아이템을 다시 클릭하라는 지시를 내렸다면 훨씬 더 좋았을 것이다(그림 12 참조).

그림 12: 텍스트 기반 대화형 상호 작용이 종료되고 사용자는 아이템을 보기 위해 클릭만 할 수 있음.

마침내 구입하고 싶은 항목을 클릭했을 때 구매를 완료할 수 있는 작은 창이 나타났다(비록 데스크톱이었지만). 다시 웹 경험으로 돌아갔다.

봇과의 상호 작용 일환으로 구매를 완료했다면 좋았을 것이다. 그러나 보안상의 이유로(FB를 통해 신용카드의 상세 내역을 전송하지 않기 위해) 웹 뷰가 요구된다. 이 경우, 이베이는 웹 뷰 스크린의 사이즈에 주의를 기울여야 했고 계정에 로그인하는 것을 허용해야만 했다. 따라서 세부 정보와 우편 주소를 다시 제공할 필요가 없었다(그림 13 및 그림 14 참조).

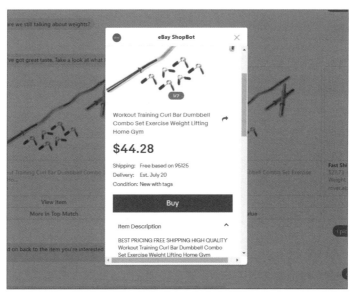

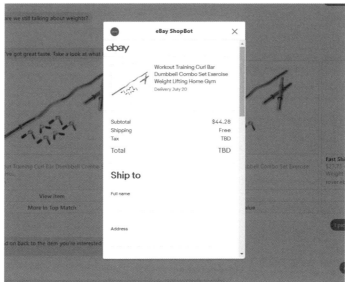

그림 13 및 14: 때로는 보안 프로세스를 완료하기 위해 웹 뷰가 필요함.
최적의 결과를 위해 화면의 폭을 고려해야 함.

▋ 요약

여행 및 전자 상거래 산업은 디지털 진화의 매력적인 유스케이스다. 디지털 솔루션은 다른 산업과 달리 사업의 전체 기능과 직업을 대체하거나 적어도 최소화했다. 따라서 시장에서 선구자격인 두 산업이 자동화된 대화형 솔루션에 어떻게 반응하는지, 이 솔루션이 제공하는 한계와 과제에 어떻게 대처하는지를 살펴보는 것은 흥미롭다.

챗봇의 부가 가치는 많은 산업에서 명확하지 드러나지 않지만 유스케이스는 기술이 발전함에 따라 서서히 드러낸다. 시장이 이러한 솔루션에 조심스럽게 접근하고 있는 것은 분명하지만 일부 주요 브랜드는 이미 몇 가지 더 발전된 기능을 실험하고 있다.

앞에서 카약과 이베이 사례를 든 이유는 구현된 보이스봇과 챗봇이 시장에서 훨씬 진보적이기 때문이다. 이러한 봇이 제공하는 매끄러운 경험과 사려깊은 상호 작용에서 배울 수 있는 것은 많다. 분명히 항상 개선의 여지가 있지만 시간이 지남에 따라 이러한 솔루션의 진보를 살펴보면 이 두 가지 예는 분명히 따라야 하는 좋은 표준이 될 수 있다.

마지막으로 두 회사 모두 챗봇과 보이스봇으로 데이터 검색의 복잡성을 처리하고 있다. 카약과 알렉사의 사례를 통해 좀 더 명확해졌지만 두 브랜드는 데이터 검색 경험에 대한 많은 생각을 하고 있고, 그 생각을 구축하기 위한 노력을 해오고 있다.

현재의 검색 엔진은 데이터 검색을 위한 정확한 결과를 제공할 수 있어야 하고 사용자의 요구를 실제로 이해하고 있다는 것을 보여줄 수 있어야 한다.

10장, '대화형 디자인 프로젝트 – 단계별 가이드'에서는 대화형 애플리케이션을 함께 디자인해보고 이 책에서 요약한 모든 단계를 살펴본다.

▌참고 문헌

- 모바일 쇼핑이 데스크톱을 초과: https://techcrunch.com/2017/11/02/mobile-holiday-shopping-visits-inu-s-will-surpass-desktop-for-first-time/.
- 이베이 샵봇: https://www.messenger.com/t/ebayshopbot
- 카약 FB 로봇: https://www.messenger.com/t/kayak
- 아마존 알렉사 기반 카약: https://www.amazon.com/gp/product/B00P03D4D2/ref=mas_pm_kayak 또는 '카약'을 검색하고 alexa.amazon.com로
- 아이비: https://chatbotmagazine.com/ivy-is-aa-24hour-virtual-concierge-service-that-smooths-thestay-of-guests-at-hotels-raj-singh-12ceacd5cd7b
- 구스터: https://gooster.net/

10

대화형 디자인 프로젝트
– 단계별 가이드

이전의 9개 장에서 대화형 애플리케이션에 대해 알아야 할 모든 내용을 논의했다. 기술적 측면과 심리적 측면에 관해 얘기했고 대화형 솔루션을 구축할 때 해야 할 일과 하지 말아야 할 일에 대한 몇 가지 예를 제시했다.

실제로 압도적으로 보일 만큼 고려해야 할 사항이 너무 많다. 그렇다면 어떻게 모든 권고를 받아들이고 구현할 것인가? 어디서부터 시작해야 하는가?

10장은 대화형 애플리케이션을 디자인하기 위한 실제적인 안내문이다. 대화형 애플리케이션을 구축하기 위해 따라야 할 단계와 대화 방식을 개선하는 과정에서 각 단계의 대화 방식에 대한 관련성을 유지하는 방법을 설명한다.

이 책에서 논의한 모든 개념을 사용하고 실제로 구현할 수 있는 방법을 살펴본다.

이 가이드의 목적을 달성하기 위해 간단하고 복잡한 요구 사항을 결합한 뱅킹 대화형 봇을 구축하기로 결정했다. 이 책에서 이미 설명한 것처럼 성공적인 대화형 애플리케이션을 작성하는 데 필요한 지침 개념은 보편적이므로 이 가이드는 다른 영역에서도 사용할 수 있다.

▌ 이해관계자 정의

이는 물론 한 조직에서 다른 조직으로 바뀔 수 있지만 일반적으로 성공적인 봇은 다음과 같은 공동 노력의 결과다.

1. 비즈니스 및 마케팅 – 목표 설정
2. IT 및 R&D – 기술 구현
3. UI/UX와 광고 – 디자인 구현

각 부서는 기능과 봇의 성공에 영향을 미친다. 많은 경우에 이해관계자 중 일부는 간과되고 작업은 기술 팀만을 위해 남겨진다. 그러나 대화형 솔루션을 구축하는 것은 기술적인 작업일 뿐 아니라 비즈니스, 마케팅, UI, UX 및 광고 작업이기도 하다. 이니셔티브는 경우에 따라 비즈니스/마케팅 측면 또는 R&D/IT 팀에서 온다.

다음 차트를 도구로 사용해 프로젝트를 위해 관련된 사람의 이름을 채울 수 있다. 조직에 이 기능이 없는 경우 외부 리소스의 도움을 받아야 할 수도 있다.

이 그룹의 사람들은 배포 후에도 대화형 솔루션의 유지 관리 및 성장에 계속 참여할 것이다. 이 부분은 10장의 뒷부분에서 언급한다.

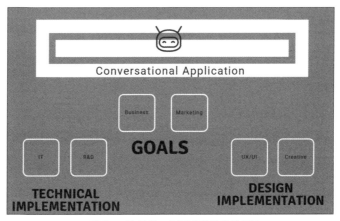

그림 1: 그룹 구성: 이해관계자 정의 및 결정

관련된 이해관계자를 모두 포함시켜 봇의 모든 측면을 다루는 것과 프로젝트를 공유하고 이해하고 모든 일에 기여하는 헌신적인 사람들의 집단을 만들어내는 것이 중요하다. 일부 작업에는 둘 이상의 그룹이나 사람의 개입이 필요하다. 이 사람들의 명단을 미리 모아두면 설치 및 유지 관리 단계에서 봇의 성공에 도움이 된다.

데모 뱅킹봇의 목적을 달성하기 위해 마케팅 팀에서 이니셔티브를 가졌다고 가정하자. 이 경우에는 R&D 및 IT 담당자, UI/UX 팀의 대표자를 포함하고 있다. 광고 팀이 없기 때문에 외부에서 관련된 후보자를 검색해 포함시킬 것이다.

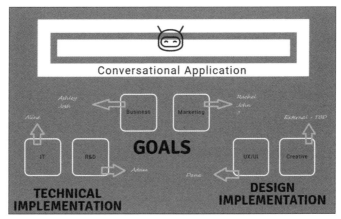

그림 2: 그룹 구성: 파트너를 프로젝트에 추가해야 함.

▌목표 정의

이 단계는 모든 대화형 솔루션의 구성 요소다. 이 책의 전반에 걸쳐 봇은 고유한 본질을 갖고 있지 않으며 특정한 요구 사항이나 여러 요구 사항을 충족시켜야 한다고 설명했다. 목표를 정의한 후에야 기능 구축, 디자인, 경험 등과 같은 더 많은 것에 뛰어들수 있다.

봇의 목표를 정의하는 일은 대개 비즈니스와 마케팅 팀의 책임이다. 목표를 정의할 때는 다음과 같은 질문에 답해야 한다.

- 봇의 전반적인 목표는 무엇인가?
- 왜 이 목표인가?
- 현재 사용하는 솔루션은 무엇인가? 무엇이 부족한가?
- 봇이 더 잘할 수 있는 것은 무엇인가?

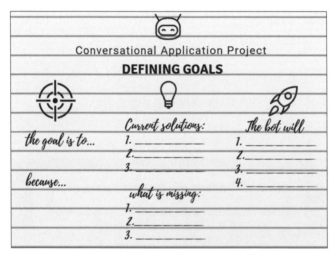

그림 3: 목표 정의: 대상과 이유

예제로 돌아가 다음과 같은 질문에 답해야 한다.

- 봇의 목표는 일반 및 계정 관련 작업을 위한 대화형 셀프서비스 채널을 제공하고 판매 관련 지원을 제공하는 것임
- 고객에게 규모에 맞는 훌륭한 서비스를 제공하고 조직의 운영 비용을 절감할 수 있어야 함
- 현재는 PC와 모바일을 통해 폰 뱅킹과 IVR 콜 서비스를 제공
- 봇은
  - 신규 및 기존 솔루션과 상호 작용할 추가 접점을 제공해 접근성을 향상
  - 자동으로 처리해 콜센터 요청 및 비용을 50% 절감
  - 판매 기회를 25% 확장
  - 혁신적 기업으로 자리매김

▌ 봇은 어디에 위치시켜야 하는가?

봇을 사용할 사용자를 이해하면 나중에 대화형 솔루션의 페르소나를 정의할 수 있고 심지어 채팅과 음성 디자인을 정의할 수도 있게 된다. 대상 그룹을 분석할 때는 다음과 같은 다양한 변수를 고려해야 한다.

- 연령
- 성별
- 기능: 직원/고객 응대
- 산업(해당하는 경우)
- 위치
- 언어

이 6개의 변수는 일반적으로 하위 범주와 변수를 포함한다. 그러나 항상 하나의 엄격한 옵션이 있는 것은 아니다. 봇은 여러 언어로 사람들을 도울 수 있다. 이를 미리 알고 있으면 디자인과 기술적인 측면에 대비할 수 있다. 봇의 페르소나를 구축하기 시작하면 목표 그룹에 깊숙이 뛰어들 수 있다.

은행 사례에서는 은행 고객에게 초점을 맞추기로 결정했다. 연령대는 남녀 25~45세다. 스페인어와 독일어로 확장한다는 목표를 갖고 하나의 언어인 영어를 지원할 것이다.

▌ 위치 및 방법 – 장치 선택

그다음으로 봇이 사용할 수 있는 장치와 채널을 정의해야 한다. 음성으로 사용해야 하는가, 채팅을 사용해야 하는가? 서드파티 플랫폼에서 실행해야 하는가, 자체 보유 디지털 자산에서 실행해야 하는가?

이 책 전체에 걸쳐 주요 장치 및 채널을 정의하고 장단점을 강조했다. 교차 채널 지원의 진정한 신봉자로서 대화형 솔루션을 구축할 때는 다양한 장치와 채널에서 사용할 수 있어야 하고 여러 매체에서 지속적인 경험을 만들 수 있어야 한다.

일부 분야 및 업종에서는 텍스트 솔루션이 더 합리적인 반면, 다른 업종에서는 음성을 지원하는 솔루션이 더 합리적일 수 있다. 프로젝트 전략을 수립하고 평가하고 조정할 때 해결해야 하는 문제다. 새로운 장치와 매체가 나타나지만 추가하는 만큼 지원할 수 있다.

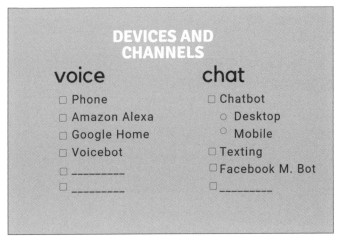

그림 4: 채팅, 음성 또는 채팅+음성 – 목표를 어떤 채널로 달성할 것인가?

뱅킹 사례에서는 목표와 타깃 시장에 주목하면서 다음과 같은 결정을 내렸다.

- 음성 및 채팅을 모두 포함하는 교차 채널 경험 구축 – 새로운 매체인 문자 메시지와 기존 매체인 웹 사이트에 챗봇을 추가
- 전화를 사용하는 콜 센터의 가장 일반적이고 반복적인 유스케이스의 자동화 포함
- 아마존 알렉사 및 구글홈에서 혁신적 조직에 제시하는 솔루션 제공

▌ 대화형 애플리케이션의 페르소나

7장, '개성 구축 – 봇을 인간답게 만들기'에서 봇 페르소나의 중요성과 봇 페르소나가 고객에게 어떻게 작용하는지를 논의했다. 이제는 타깃이 누구인지, 채팅 및 음성으로 대화형 애플리케이션을 사용할 수 있는지를 알게 됐으므로 봇의 페르소나에 좀 더 집중할 수 있다.

오스틴 비어의 페르소나인 킷Kit은 다음과 같은 주제에 집중하라고 권고한다.

- 봇의 이름
- 목표 – 이미 식별
- 역할 – 이미 광범위하게 식별
- 생각
- 느낌

어떻게 생겼는지, 어떻게 소리를 내는지, 어떤 언어를 사용하는지를 추가했다. 다음 예제에서 이 기능이 어떻게 동작하는지 확인해보자. 여기서는 봇을 'ABC' 은행에서 일하는 'ABC 가상 어시스턴트'라고 부를 것이다.

사람들이 상호 작용할 때는 서로 얼굴을 보면서 대화하는 것이 좀 더 쉽다는 사실을 알 것이라 생각한다. 직원 대다수가 여성인 경우에는 여성의 얼굴을 선호할 것이다. 이를 염두에 두고 알렉사 및 구글홈 애플리케이션뿐 아니라 보이스봇의 음성에도 여성의 목소리를 선택한다.

모든 채널에서 동일한 페르소나를 가질 것이다. 은행의 봇이기 때문에 상호 작용을 위해 정중하고 예의바른 언어를 사용하도록 한다.

그림 5: 뱅킹봇의 페르소나: "안녕하세요, 저는 ABC의 개인 어시스턴트입니다."

▌ 기능 및 유스케이스

대화형 애플리케이션의 기능 정의 및 구현은 설정 프로세스 및 유지 관리 프로세스에서 가장 크고 긴 부분일 것이다. 봇이 실제로 수행하는 일은 다음을 포함하고 있다.

- 목표에 따라 유스케이스 정의 – 비즈니스/마케팅
- 관련 대화의 흐름을 작성 – 비즈니스/마케팅/UX
- 비즈니스 로직 구축 – IT/R&D
- 샘플 제공 – 비즈니스/마케팅/광고
- 답변 제공 – 비즈니스/광고
- API 연결 – IT/R&D

봇의 기능을 구축하려면 모든 이해관계자 그룹의 개입이 필요하다. 비즈니스 그룹은 봇에서 사용할 수 있는 유스케이스를 제공해야 한다. 또한 이전의 분석에 기초해, 봇의 목표가 무엇인지 그리고 현재의 솔루션보다 무엇을 더 잘해야 하는지를 확인해야 한다.

대화 흐름은 비즈니스/마케팅/광고/UX 그룹에 의해 정의된다. 대화 흐름의 구축은 목표 그룹이 봇과 함께 할 수 있는 잠재적인 논의의 틀을 구성하는 것을 의미한다. 이는 유스케이스를 특정한 질문으로 나누는 것을 의미한다.

NLU 엔진을 지원하려면, 각 질문에 비슷한 문장을 제공해야 한다. 앞의 내용처럼, 적어도 15개의 샘플로 시작하는 것이 좋다. 봇은 더 많이 제공할수록 사용자의 질문에 더 잘 대답할 수 있다. 샘플을 채취하려면 창의적인 사람들의 도움이 필요하다. 특정한 질문에 대한 충분한 변형을 생각해내야 하기 때문이다.

창의적인 사람들은 답변 작성에도 관여해야 한다. 사용자의 요청에 따라 관련된 데이터를 추출하는 데 도움이 되는 관련 API를 시스템에 연결하는 한편, 봇이 완전한 대화형 문장으로 대답하고 정보를 누설하지 않도록 해야 한다.

답변은 장치뿐 아니라 채널마다 다를 수 있다. 텍스트 솔루션을 사용할 때 이모지를 사용해 특정 감정을 표현할 수 있지만 음성을 사용할 때는 이렇게 표현할 수 없다. 텍스트를 사용할 수 없는 음성 지원 솔루션을 사용할 때는 MP3 파일을 사용해 생일 축하 노래를 들려줄 수 있다.

모든 채널을 고려해 하나의 경험을 만들 수 있으면 성공으로 이어질 것이다. 예를 들어 사용자가 구글홈 장치에 가장 가까운 ATM 위치를 요청하면 음성을 사용해 답변을 제공하고 구글맵을 사용해 길을 안내한다. 알렉사 카트는 지도를 지원하지 않으므로 사용자에게 주소를 문자로 보내고 또 다른 상호 작용 방법을 결합해 성공적으로 완료할 수 있다.

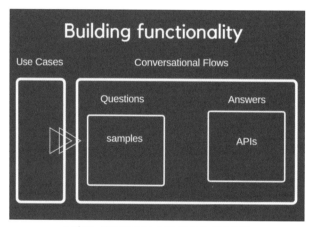

그림 6: 봇의 비즈니스 로직 및 상호 작용 레벨

은행 업무의 예에서 봇이 어떻게 작용하는지 살펴보자. 비즈니스 및 마케팅 팀은 유스케이스를 정의하기 위해 네 가지 유스케이스 범주와 각 유스케이스 내에서(이전에 의도로 정의) 특정 주제에 동의했다.

1. 일반적인 질문: 영업 시간, 지점 위치 및 경로 번호
2. 계정 관련 질문: 잔액, 거래 및 통계
3. 조치 가능한 요청: 송금 또는 지불 청구서
4. 영업 지원 유스케이스: 대출 금리 및 대출 신청

비즈니스 및 마케팅 팀은 앞에서 언급한 각 의도에 대해 2~3개의 질문 샘플을 제시한다. 광고 팀은 이에 따라 옵션을 확장한다. 영업 시간의 예를 들어보자. 비즈니스/마케팅 팀은 명확한 질문을 했다.

"영업 시간은 어떻게 돼요?"

광고 팀은 이 문장을 가져와 표본 또는 발언이라고 하는 변형된 질문을 만든다. 간단히 동의어를 사용하거나 요청을 완전히 바꿔 만들 수도 있다.

"언제 여나요?"
"금요일에도 영업하나요?"
"언제 은행에 와야 할까요?"

사람들이 요구할 수 있는 다양한 방법을 생각하는 것은 매우 어렵기 때문에 모니터링 도구가 많은 도움이 된다.

이제는 질문에 답을 연결해야 한다. R&D 팀 또는 IT 팀은 시스템의 API를 각 질문/요청에 연결해 지원한다. 비즈니스/마케팅 팀은 답변을 공식화하고 초안을 작성하며 광고 팀은 관련 채널에 적응할 수 있도록 추가 변형을 제공한다.

"우리는 평일 〈개장 시간 API〉 사이에 영업합니다."
"월요일부터 금요일까지 〈개장 시간 API〉 사이에 방문하세요."
"평일 영업 시간은 〈개장 시간 API〉입니다."

▌ 개발 및 테스트

대화형 애플리케이션 개발은 R&D가 가장 중요한 역할을 수행하는 영역이다. 솔루션을 처음부터 구축하거나 사용할 수 있는 솔루션과 툴킷의 일부를 사용하는 R&D는 대화를 코드로 변환하고 모든 채널과 장치에서 비즈니스 로직을 제공해야 할 책임이 있다.

솔루션을 구축하기 위해 선행 연구에 기반을 둔 R&D는 여러 시나리오와 요구 사항을 고려해 기술적 흐름을 구축해야 한다. 이러한 플로 차트, 음성 솔루션의 **음성 사용자 인터페이스**VUI, Voice User Interface는 특정 기능을 나타내는 특정 구성 요소를 기반으로 한다.

구글 드로잉을 사용하면 시장에서 나와 있는 솔루션을 사용할 수 있다. 다음 플로 차트는 인증 필요성을 고려한 대출 금리 대화형 흐름의 예다.

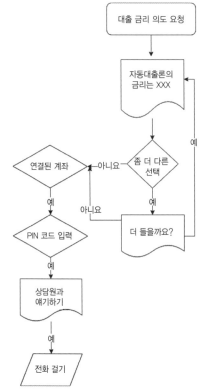

그림 7: 비즈니스 로직 구축: R&D 프로그램을 위한 대화 흐름 준비

앞의 대화 플로 차트는 봇을 테스트할 때도 도움이 될 것이다. 테스트는 매우 중요하며 계획한 유스케이스를 광범위하게 다루고 있는지 확인해야 한다. 초기 프로젝트 그룹이 솔루션을 테스트한 후에는 다양한 장치에서 테스트하고 피드백을 제공할 수 있는 동료 또는 일부 고객이 참여하는 폐쇄된 '사용자 그룹'을 만들 것을 권고한다. 이 프로세스는 우리에게 익숙한 다른 디지털 소프트웨어 개발 생명 주기SDLC, Software Development Life Cycles와 매우 비슷하다.

▌ 배포, 유지 관리 및 분석

봇을 테스트하고 관련 장치 및 채널에 배포하면 유지 관리의 중요한 부분에 도달한다. 대화형 솔루션을 구축하는 것은 일회성 프로젝트가 아니며 봇을 사용자와 접촉할 때마다 수정, 변경, 향상, 개선할 필요가 있다고 반복적으로 언급했다.

모든 이해관계자는 유지 관리 프로세스에 계속 적극적으로 참여해야 한다. 개선 사항에는 더 많은 유스케이스가 포함될 것이므로 마케팅 팀과 비즈니스 팀이 필요하다. 신규 및 현재 유스케이스에 언어 변화가 있거나 봇의 페르소나를 수정하려는 경우에는 UI 및 UX 디자이너가 필요하다. 모든 유스케이스에서 변경 사항을 구현하기 위해서는 R&D가 필요하다.

고객의 행동을 이해하는 것은 대화형 솔루션을 개선하는 데 도움이 된다. 사람들이 봇에 어떻게 (수적으로) 반응하는지를 볼 때만 봇이 목표를 달성하는지 여부를 결론 지을 수 있다.

분석은 메시지 및 세션 수, 사용자당 메시지 수, 시간 경과에 따른 사용자 수, 사용된 장치 및 채널, 실패한 대화 수 등과 같은 일련의 측정 항목에 대한 통계를 제공한다. 이러한 모든 수치는 대화 솔루션이 얼마나 성공적인지를 평가하는 데 도움이 된다.

봇에 대한 고객의 기본 행동 분석을 학습한 후 A/B 테스트 측정을 대화형 솔루션에 추가하면 어떤 경로가 더 잘 동작하고 고객의 경험을 극대화할 수 있는지 더 쉽게 이해할 수 있다. A/B 테스트는 동일한 채널/장치 또는 다른 채널에서 실행할 수 있다. 동일한 요청에 대한 서로 다른 유형의 응답 사이에서도 동일한 의도로 두 가지 다른 흐름을 번갈아 처리할 수 있다. 고객의 행동을 자세히 관찰할수록 봇은 더 좋아질 것이다.

유스케이스에서는 콜 센터에 대한 콜 수가 감소하고 고객 만족도가 높아졌는지 확인할 것이다.

대화형 장치 및 채널에 대한 지원을 추가하는 것도 유지 관리에 포함된다. 여기서는 몇 가지 채팅 및 음성 장치로 시작했으며 더 많은 접점을 지원하도록 확장할 수 있다.

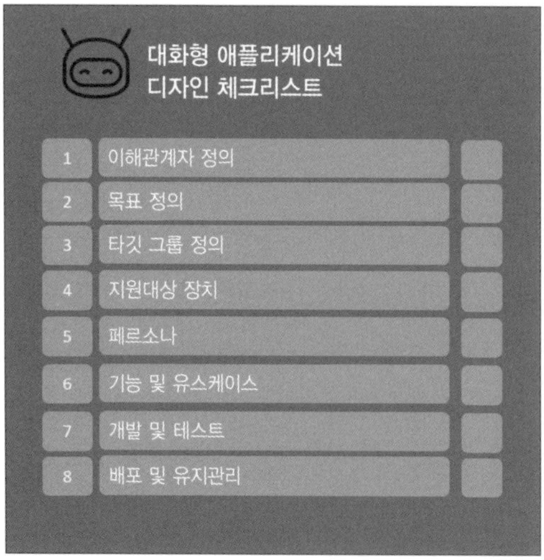

그림 8: 대화형 애플리케이션 디자인 체크리스트

▋ 요약

10장에서는 이 책에서 배운 모든 것을 가져와 프로젝트를 실제로 만들었다. 이 과정에서, 필요한 단계를 거치면서 이 책에서 논의한 모든 디자인 원칙에 주의를 기울였다.

이 방법론을 따르면 성공적인 결과를 얻는 데 도움이 될 수 있다. 대화형 프로젝트를 시작할 때마다 부록(그림 8 참조)으로 사용할 수 있는 프로젝트 체크리스트를 추가했다. 앞에서 제시한 대로 사용하거나 요구에 맞게 사용자 정의해 사용할 수도 있다. 이 체크리스트는 의도적으로 하나 또는 두 단계를 건너뛰기로 결정하더라도 대화형 봇을 계속 수정하고 개선하는 데 도움이 될 것이다.

이 책에서 대부분의 단계를 설명했지만 간단히 언급했던 중요한 한 가지는 대화형 프로젝트를 시작할 때 이와 관련된 모든 이해관계자가 가능한 한 빨리 프로세스에 참여하도록 해야 한다는 것이다.

사전에 정의된 목표가 없는 대화형 솔루션은 성공할 수 없다는 것은 두말할 필요도 없다. 목표는 개발하는 과정에서 변경될 수 있지만 사전에 목표를 식별할 수 없다면 봇을 올바르게 구축할 수 없다.

물론 이를 염두에 두면, 유스케이스와 대화형 흐름이 가장 중요하며 샘플 문장에 대한 광범위한 '사전'과 그에 수반되는 고유한 응답도 중요하다는 사실을 깨닫게 될 것이다. 봇을 실패를 위해 구축하지 말고 성공을 위해 구축하라. 현실 세계에서 실제 사용자에게 도움이 되도록 하라.

마지막으로 봇 테스트, 수정, 확장, 명확화, 다시 테스트, 반복적으로 분석해야 한다. 대화형 솔루션은 다른 모든 성공적인 디지털 자산과 마찬가지로 효율성을 입증하기 위해 노력해야 한다.

11

요약

이 책을 쓰는 것은 흥미진진하고 고무적인 경험이었다. 지난 2년 동안 음성 및 채팅에 대한 대화 경험을 중심으로 돌아갔으며 이 정보를 더 많은 독자와 공유하는 것은 진정한 축복처럼 느껴졌다.

이 시장은 이 책을 쓰는 동안에도 매우 빠르게 성장하고 많은 변화가 있었다. 새로운 장치와 새로운 기능이 도입됐고 구글에서 새로 도입한 기능과 능력 때문에 책의 일부를 다시 써야 하기도 했다. 지금부터 몇 달 안에 기술 및 전문 지식이 계속 성장하고 발전하면서 책의 일부 통찰력과 예측은 무의미해질 것이다.

이 책은 "CUI가 우리의 상호 작용하는 방식을 변화시키고 있다"라는 선언과 함께 시작했으며 이 선언이 책의 주된 메시지라고 믿는다. 우리는 우리 모두와 함께 성장한 공상 과학 영화에서 의사소통의 패러다임 시프트를 목격하고 있다. 적응에 실패한 기업은 지원 및 판매 측면에서 고객과의 의사소통을 계속할 수 없다.

11장에서는 이 책 전체에서 논의된 내용을 요약하고 대화형 디자인의 미래에 대한 통찰력을 제공하고자 한다.

▌ 대화형 인터페이스 – 어떻게 시작돼, 현재 어디에 있는가?

모든 것이 어디에서 시작했는지에 대해 얘기했다. 인간 머신 인터페이스의 발전 과정을 이해하면 텍스트 기반 인터페이스에서 그래픽 인터페이스로, CUI로 발전하는 과정을 이해하고 미래의 변화를 예측하는 데 도움이 된다.

지금까지 CUI를 지원하는 다양한 기술을 포함하고 있는 대화형 스택에 더욱 깊이 파고들었다. 운 좋게도 대화형 스택 기본 레이어의 많은 부분이 견고하고 안정적인 단계에 이르게 됨으로써 불과 몇 년 전에는 생각하지 못했던 개성 있고 정교한 대화식 애플리케이션을 구축할 수 있게 됐다. 이 대화형 앱은 혁신적인 음성 인식 및 텍스트–음성 변환 기능(NLU 기능 보유)을 포함하고 있기 때문에 명시적/암시적 구조를 가진 상황에 맞는 대화가 가능하다.

앞에서도 말했지만 지난 몇 년간의 모든 성과(여전히 전통적인 인간이 주도하는 서비스를 모방하고 대체할 수 있는 대화형 애플리케이션)는 많은 어려움에 직면해 있다.

NLU 기능이 엄청나게 발전하긴 했지만 NLU는 여전히 처리하기 힘든 AI 문제이므로 AI의 지원이 있더라도 고품질의 솔루션을 제공하기 위해서는 엄청난 노력이 필요하다. 그 주요 원인으로는 무한한 언어와 방언으로 단어와 문장을 끊임없이 구성해야 하는 예기치 않은 상황을 들 수 있다. 많은 기업이 이 문제를 해결하려고 하기 때문에 미래에는 NLU 기능이 크게 발전할 것으로 예상된다. 대화형 솔루션은 NLU 기능 향상 없이는 진화되지도, 전진할 수도 없다.

UX 측면에서 GUI에서 CUI로의 전환, 좀 더 구체적으로 VUX는 여전히 사용자의 행동, 기대와 기업의 단기 집중 채널(경우에 따라 스크린 없음)을 통한 의사소통 능력에 많은 문제점을 노출시키고 있다.

이 책에서는 NLU와 콘텐트 발견을 둘러싼 문제들을 극복해야 하는 필요성이 제한된 대화형 솔루션의 개발로 이어졌으며 이는 챗봇 채널에 웹 경험을 강요하고 사용자에게 효율성이나 부가 가치를 제공하지 않는다는 것을 보여줬다.

기업과 사용자가 여전히 고심하고 있는 보안 및 프라이버시 문제는 대화형 솔루션이 널리 확산되지 못하게 하는 또 다른 장애물이다. 이 책을 쓰는 동안 FB 데이터 프라이버시 스캔들이 터져 이 주제에 대한 우려와 불확실성이 높아졌다.

그렇다고 해서 챗봇을 사용하는 대화가 실패한 것은 아니지만 기업과 플랫폼 제공자는 보다 강력한 접근 방식을 고안해야 했다. 사용자는 이제 아마존 알렉사, 구글홈, FB 메신저와 같은 서드파티 공급자의 장치와 채널을 통한 개인 데이터 공유에 대한 위험을 인식하고 훨씬 더 조심하고 있다. 이는 많은 금융 기관이 서드파티 솔루션에서 구축하기 전에 대화형 애플리케이션을 독자적으로 (웹/애플리케이션/텍스트로 이용 가능) 구축하기 시작한 이유일 수 있다.

이 공간이 계속 발전함에 따라 데이터 프라이버시 및 데이터 소유권 문제는 기업과 제공업체 모두가 특별한 주의를 기울여 다뤄야 하는 것으로 예상하고 있다. 이는 오늘날 의료업계에서 볼 수 있듯이 기업 및 사용자에게 데이터 프라이버시를 보장하는 새로운 플랫폼 출현의 근거가 될 수 있다.

여행 및 전자 상거래 산업의 대화 솔루션을 탐색하면서 이 책에서 다뤘던 두 가지 당면 과제는 다음과 같다.

- 잘 동작하는 기존 솔루션과 경쟁
- 발견 과제

첫 번째 과제는 실질적인 가치를 제공하고 효율성과 비용(솔루션을 전환할 때의 공통적 문제)을 개선하는 CUI를 구축해야 한다는 점을 강조하지만 두 번째 과제는 심각한 문제에 부딪힌다. 새로운 발견 모델을 정의(최근에서야 업계에서 처리하기 시작)하는 것은 많이 생각해야 할 부분이다.

마지막으로, 사용자가 여전히 CUI에 회의적이기 때문에 CUI는 제한적이다. 챗봇에 대해 큰 기대를 했지만 오늘날 기업과 사용자는 그 한계를 알고 단순함을 고수하고 너무 많이 도전하지 않는 경향이 있다. 기술이 발전하고 많은 기업이 CUI의 한계에 도전하기 시작하면서 보다 복잡하고 진보된 솔루션이 등장해 삶을 보다 효율적으로 만들고 의사소통에 더욱 집중할 수 있게 해줄 것이다.

결국 '모든 것을 알고 있는' 슈퍼컴퓨터를 만드는 일은 초지식인을 만드는 일보다 쉽다. 첨단 AI, ML 또는 DL 방법론 유형의 기술은 이러한 난제를 대부분 해결할 것이다. 인간의 회의론은 난제 해결과 함께 사라질 것이다.

▌ 대화형 솔루션이 필요한 이유와 미래

대화방 및 보이스봇의 미래에 대한 질문을 받으면 나는 항상 대화형 솔루션, 좀 더 구체적으로 말하면 음성 기반 의사소통이 컴퓨터와의 모든 상호 작용을 대체할 것이라고 대답한다. 왜냐하면 인류가 항상 찾아온 의사소통과 삶의 질을 향상시키는 방법으로 대화형 솔루션을 만들어왔기 때문이다.

지능형 어시스턴트, 챗봇, 음성 지원 장치는 인간의 요구에 부응하기 위해 자연스럽고 직관적인 인간 머신 상호 작용을 제공한다. 효율성을 높이고 비용 면에서 효과적이다(실제로 구축되고 구현되는 경우에만).

이 책의 일부 장에서는 채팅 및 음성 애플리케이션을 위한 성공적인 CUI를 구축하는 방법에 대한 조언과 아이디어에 전념했다. 실제로 무엇을 하지 말아야 할지를 식별하는 것으로 시작했는데 이러한 방법이 어느 정도는 현재의 기술 장벽에 대한 대응 방안이기 때문이다.

대화형 솔루션은 자연스러운 인간의 대화를 모방할 것이다. 간단히 말해, 다른 사람과 상호 작용할 필요 없이 우리가 원하는 것을 표현하기 위해 자연스러운 음성/텍스트 통신 방법을 사용한다. 빠르고 맹렬하게 성과를 챙기는 데 익숙한 오늘날의 대화형 솔루션은 비용 절약을 생각하는 기업과 시간을 줄이기를 원하는 사용자에게 많은 도움이 된다.

그러나 인간의 상호 작용을 대체하는 것은 원하는 만큼 간단하지 않다. 따라서 챗봇은 상호 작용과는 반대에 있는 웹과 앱 경험을 모방한다. 분류되지 않은 데이터를 무한히 제공한다고 해서 봇이 좋다고 할 수는 없다. 오히려 효율적이지 않다. 그러나 잘못 적용하면 문제가 될 수 있다. 정보가 부족한 상황이 오는 것이 더 큰 문제다. 간결한 상호 작용을 위해서는 정보의 균형을 너무 많지도 너무 적지도 않게 유지해야 하므로 사용자의 요구 사항과 기대 수준을 파악하고 있어야 한다.

▌ 훌륭한 대화형 애플리케이션 구축 방법

하지 말아야 할 것을 말하는 것은 쉽지만 가능한 한 많은 긍정적인 예를 포함시켜 대화형 애플리케이션을 빌드하고 유지 관리할 때 수행해야 할 작업에 중점을 뒀다. 3장, '대화형 킬러 앱 만들기'에서는 기술적인 관점과 UX 관점에서 '킬러 앱'을 만드는 데 필요한 사항을 자세히 설명했다.

앞서 언급했듯이 CUI는 컴퓨팅 분야에서 매우 새로운 분야이며 역동적이다. 따라서 불과 몇 달 전만 하더라도 사용할 수 없었던 일부 기능은 이제는 각 솔루션의 필수 요소가 됐다 (예를 들어 다른 음성을 선택할 수 있는 옵션, 상황에 맞는 상호 작용을 작성하는 능력, 봇이 아마존 알렉사에서 새로운 기능이나 정보를 학습한 경우 사용자에게 되돌아오는 기능). 당신과 당신 고객에게 최상의 결과를 얻고 싶다면 계속 변경 및 진화 사항을 알고 있어야 한다.

'킬러 애플리케이션'을 구축하는 동안, 사용자들이 봇과 상호 작용하기를 원하고 봇과 대화할 수 있도록 도와줄 수 있는 방법을 논의했다. 때로는 정직하게 인간 상담원이 아닌 자동화된 솔루션과 대화하고 있다는 것을 알려줬다. 훌륭하고 개방적인 커뮤니케이션 경험을 제공하기 위해 주로 CUI의 '조상들'(주로 검색 엔진)에서 더 크게 생각하고 배워야 할 필요성에 대해 논의했다. 우리는 또한 장치의 단편화와 다양성에 관한 알려진 문제, 모든 (또는 대부분의) 플랫폼과 장치에서 다중 채널 환경을 제공해 이 문제를 해결해야 하는 방법에 대해 논의했다.

▌ 개발: 기술 및 비기술적 전문 지식

CUI는 비기술적 전문가에게 많은 기회를 제공한다. 음성 및 채팅 디자이너, 광고 제작자, 데이터 과학자 및 페르소나 빌더는 모두 머신 제작 봇에 생명을 불어넣을 책임이 있다. 개발자가 아닌 사람에게 긴장감과 보람 있는 경험을 주기 때문이다.

그러나 봇을 구축하려면 여전히 기술 뒤에 있는 문제를 파악해야 한다. 아마존 알렉사, 구글홈, FB 메신저의 대화형 애플리케이션 구축 과정에 대해 3개의 장을 할애했다. 비록 매일 일을 처리하고 있지만 몇몇 울타리를 넘기 위해서는 여전히 동료의 도움이 필요했다.

이러한 플랫폼은 비개발자를 위한 도구를 제공하기 위해 노력하지만 플랫폼의 제공 기능은 매우 간단하고 적다. 일부 서드파티 기업은 이러한 격차를 해소하려고 노력하지만 고급 AI 기능으로 봇을 위한 복잡한 UX를 구축하려면 여전히 개발자의 협력이 필요하다.

즉 웹 사이트를 구축하는 것과 마찬가지로 앞으로 개발자가 아닌 사람들도 대화형 솔루션을 구축할 수 있게 하는 기능이 더 많이 제공될 것으로 예상된다. 업계 선두주자인 회사는 CUI의 성장을 도모하는 데 큰 역할을 할 것이며 보다 쉽게 구축할 수 있게 하는 것이 중요한 부분이다. 한편 대화형 애플리케이션을 성공적으로 구축하려면 개발자와 비개발자 간의 긴밀한 협력이 필요하다. 모든 관련 이해관계자는 설치 및 유지 관리 단계 프로세스에 필요하다.

대화형 UI는 인간의 상호 작용을 대신하고 있고 페르소나 디자이너와 언어 창조 팀의 역할은 대단히 중요하며 봇의 개성과 감정 지능에 모두 기여한다. 감정 상태를 확인하고 탐지하는 것뿐 아니라 사용자의 언어로 대화할 수 있는 능력은 봇이 보다 성공적인 경로를 통해 대화를 이끌어내는 데 도움이 된다. 이는 책에서 봇의 '인간화' 과정에 대해 논의한 내용의 일부다.

▌ 수직형 봇? 메가 보트?

봇의 능력은 미래에 어떻게 될까? 은행, 여행 및 전자 상거래봇의 예에서 살펴본 것처럼 수직적인 CUI에 계속 초점을 맞출 것인가? 아니면 모든 것을 할 수 있는 지능형 어시스턴트로 향할 것인가? 삶의 여러 측면과 유스케이스를 구분할 수 있고 필요로 하는 모든 것을 원스톱으로 제공할 수 있는 '메가 브레인mega brain'을 만들 수 있을 까?

마지막 두 장에서 언급했듯이 다음 10년 안에 도메인지향에서 '메가 브레인'으로 점차 이동할 것으로 믿는다. 시리, 알렉사와 같은 개인 어시스턴트 개념은 애플리케이션 간 상호 작용과 권고가 가능하도록 확장될 것이다. AI로 처리하기 힘든 장애물을 처리하는 이 복잡한 작업에는 많은 데이터가 필요하지만 솔루션이 계속 진화하면서 해결될 것이다.

또한 마지막 지점에 도달하려면 수직적인 특정 경로를 거쳐야 한다. 금융 기관, 여행 및 전자 상거래 기업이 어떻게 완전히 새로운 전문 지식을 대화형 애플리케이션에 구축하는지, 지속적인 학습과 이해를 바탕으로 시간이 지나면서 어떻게 진화하는지를 살펴봤다. 가능한 모든 유스케이스를 파악하는 것은 많은 지식과 데이터가 필요한 어려운 작업이지만 일단 이 프로세스가 완료되면 (예기치 못한 상황이 많기 때문에 긴 프로세스로 생각), 서로 다른 산업 간에 정보를 전달하고 모든 것을 한 지붕 아래로 가져올 수 있을 것이다.

▌ 요약

인지적 CUI를 구축하는 것은 여전히 매우 새롭고 역동적인 영역이다. 이 책의 목표는 스릴 넘치는 일을 할 때 필요한 통찰력, 아이디어 및 방법론을 제공하는 것이다.

미래는 실제 HAL 9000을 구축하기 위해 기술적인 진보가 필요하고 실제로 기술 혁신으로 나아가고 있는 방향이라는 것을 이해하자. 그러나 대화형 솔루션을 구축하는 데 있어 비기술적 측면과 현재에는 볼 수 있고 미래에는 변화해야 할 인간 관련(비기술적) 장애물은 매우 중요하다.

이 책은 CUI 세계에 대한 실용적인 지침을 제공하지만 사고 방식을 확장해 향후 대화형 솔루션을 시각화하고 미래를 형성하는 데 있어 자신의 역할을 시각화한다. 이 책을 읽는 다는 것은 대화형 디자인의 미래와 여정이 시작됐다는 사실을 믿는다는 것을 의미한다. 이 책이 대화형의 세계로 첫걸음을 옮기는 데 도움이 됐기를 바란다.

찾아보기

ㄱ

가상 어시스턴트 23
감정 지능 144
개발 및 테스트 222
개발 콘솔 86
개인 스킬 90
개인 어시스턴트 170
검색 엔진 195
가이코 73
구글 액션 73
구글 어시스턴트/홈 74
구글홈 47, 82
구글홈 맥스 84
구글홈 미니 84
구글홈 스피커 83
구글홈 액션 79
구글홈 액션 개발 101
구글홈/어시스턴트 63
그래픽 사용자 인터페이스 27

ㄷ

대화형 경험 36, 182
대화형 구조 138
대화형 봇 36
대화형 사용자 경험 43
대화형 상호 작용 30
대화형 솔루션 23
대화형 애플리케이션 디자인 체크리스트 224
대화형 애플리케이션의 빌딩 블록 116

대화형 음성 응답 62
대화형 인터페이스 30
대화형 킬러 애플리케이션 61
대화형 흐름 39
데모 뱅킹봇 213
딥러닝 25

ㄹ

로보 어드바이저 143

ㅁ

메가 브레인 233

ㅂ

발언 87
배포 223
뱅킹 대화형 봇 212
뱅킹봇 170
보안 46
보이스봇 23, 44, 51
보이스 어시스턴트 86
봇 142
봇 디자이너 75
봇 빌더 75
봇의 개성 153
분석 223
비즈니스 로직/동적 데이터 39

ㅅ

사용자 경험 42
사용자 의도 66
상태 머신 36
상태 머신 구조 112
상황에 맞는 대화 36, 129
상황에 맞는 디자인 129
상황에 맞음 130
상황을 벗어남 130
샷봇 202
소프트웨어 개발 생명 주기 223
스킬 개발 90
스포타파이 FB봇 68
슬롯 138
슬롯/엔터티 89
쌍방향 의사소통 30

ㅇ

아마존 알렉사 74
아마존 에코 47, 80
아마존 에코 장치 74
아이콘 72
알렉사 82
알렉사 기반의 카약 201
알렉사 스킬 79
알렉사 앱 73
애플의 홈팟 74
애플 홈팟 85
액션 84
에코닷 74, 81
에코 쇼 74, 81
여행봇 170
연속 필터링 204
옴니 채널 74

옵션 줄이기 204
워즈워스 봇 71
웨스턴 유니온 FB봇 68
유스케이스 37
유지 관리 223
음성 기반 CUI 31
음성 사용자 경험 43
음성 사용자 인터페이스 222
음성 인식 87
음성 인식 기술 33
음성 제어 23
음성 지원 대화형 뱅킹 182
음성 지원 장치 47, 230
응답 89
의도 88
이모지 72
이베이 202
이벤트 기반 상황 인식 접근법 38
이해관계자 정의 212
이행 89
익스피디아 챗봇 56

ㅈ

자동 전화 시스템 51
장치 선택 216
정확도 수준 42
지능형 어시스턴트 47, 142, 230

ㅊ

챗봇 23, 230

ㅋ

컨텍스트 36, 195

ㅌ

텍스트 기반 인터페이스 26
튜토리얼 117
트롤링 145, 148

ㅍ

페르소나 153
페르소나 구축 153
프라이버시 46
프로젝트 체크리스트 225
플랫폼 75
필터링 204
필터링 옵션 195

A

AI 25, 130
AI 기반 감정 지능 145

C

conversational user experience 43
CUI 23, 30, 50
CUI-명령행-검색 엔진 65
CUI 스택 32
CUX 43

D

Deep Learning 25
DDIY-Crafts-HandMade 봇 72
DL 25, 130

E

eBay 202

F

FB 메신저 스택 116
FB 메신저 플랫폼 116

I

In conext 130
Interactive voice response 62
IVA 51
IVR 62
IVR 또는 음성 답변 시스템 51

M

mega brain 233
ML 25, 130

N

Natural Language Understanding 25
NLU 25

O

Out of context 130

S

SDLC 223
ShopBot 202
Software Development Life Cycles 223
speech-to-text 33

U

UI 177
UX 42
UX 모범 사례 177

V

voice user experience 43
Voice User Interface 222
VUX 43, 228

W

Western Union FB bot 68
Wordsworth 71

보이스봇 & 챗봇 디자인

아마존 알렉사, 구글홈, 페이스북 메신저에서 배우는 대화형 시스템 구축

발 행 | 2019년 7월 31일

지은이 | 레이첼 배티시
옮긴이 | 고 형 석

펴낸이 | 권 성 준
편집장 | 황 영 주
편 집 | 이 지 은
디자인 | 박 주 란

에이콘출판주식회사
서울특별시 양천구 국회대로 287 (목동)
전화 02-2653-7600, 팩스 02-2653-0433
www.acornpub.co.kr / editor@acornpub.co.kr

한국어판 © 에이콘출판주식회사, 2019, Printed in Korea.
ISBN 979-11-6175-329-4
http://www.acornpub.co.kr/book/voicebot-chatbot-design

이 도서의 국립중앙도서관 출판시도서목록(CIP)은 서지정보유통지원시스템 홈페이지(http://seoji.nl.go.kr)와
국가자료공동목록시스템(http://www.nl.go.kr/kolisnet)에서 이용하실 수 있습니다.(CIP제어번호: CIP2019028349)

책값은 뒤표지에 있습니다.